美しい日本語

金田一春彦

角川文庫
20128

もくじ

第1章 「常識度」模擬試験

第2章　周りを引きつける人の日本語力

第3章　「話せばわかる」日本人の本音

第4章　日本人の心を動かす言葉

第5章 言葉の背景を学ぶ

第1章

「常識度」模擬試験

1 敬語のカン違い

「さま」という言い方

私からの質問

「ご住所をおっしゃってください」という言い方は、相手に対する尊敬を表している言葉だろうか。

お答えします

この言い方は一見、とても丁寧であるように聞こえる。「住所」を「ご住所」、「言う」を「おっしゃる」という丁寧な形に変えていて、問題ないように思われる。しかし内容を普通の言葉に言い換えれば、「住所を言ってください」と言っているだけだ。尊敬語を使っているかどうかの前に、相手に対し「言ってください」と命令していること自体おかしいので、この言い方は厳密には尊敬を表していないということになる。「ご住所をお教え願います」と言えば正しい言い方になる。

ちょっと一言

言葉を丁寧な形にしても、けっして丁寧な意味にならないという例はほかにもある。病院へ行くと、「患者さま駐輪場」「患者さま待合室」と書かれていることがある。「患者さま」と言われるのは何となく落ち着かない。なぜなら「患者」という言葉自体がすでに悪い印象を与えるため、いくら「さま」をつけてもらってもうれしくない。「病人さま」「怪我人さま」「老人さま」など、いくら頑張っても敬うことにならないのである。「ご来院の方」「外来の方」などというように変えた方がいいと思われる。

逆に私のことを「先生さま」と呼ぶ人がたまにいる。これもまた落ち着かない。「先生」というのがすでに相手に対して尊敬を表している呼び方なので、それにまた「さま」とつけるのは、まさに屋上屋を架けることになる。同じように相手の会社に行って、「木村社長さまはいらっしゃいますか」などとたずねるのもおかしい言い方になる。この場合も「さま」はいらないだろう。

私の両親が昔皇居で開かれた園遊会に招かれたことがあった。その前年は母のぐあいが悪く、父だけが参加したのだったが、まだお若かった美智子妃殿下はそのことをちゃんと覚えていたらしい。母の前までいらしたとき、「もうお身体の方はおよろしいのですか」と聞かれた。母は緊張のあまりコチコチになり「まことに恐れ入りつかまつりましてございます」と答えたとか。偉い人の前に出てあまりに緊張すると、とかく尊敬語でも屋上屋を架ける結果になりかねない。テレビで女性アナウンサーが「ご覧いただけますでございましょうか」などと言うのもちょっとおかしい。敬語をさりげなく使えるようになったら日本語もやっと一人前ということだろうか。

ものを頼むときの作法

招かれたお宅で、食卓の上に醤油《しょうゆ》があるが、手が届かない。「醤油を取ってください」より丁寧な言い方を考えよ。

お答えします

1「醤油を取ってくださいませんか」
2「醤油を取ってもらえませんか」
3「醤油を取っていただけませんか」
4「醤油を取っていただけませんでしょうか」
5「恐れ入りますが醤油を取っていただけませんでしょうか」

1から5の順番でより丁寧さが増していく。「醤油を取ってください」を普通の言い方とすると、1は否定疑問形への変化、1から2へはさらにそれを可能の否定疑問形へ変えている。2から3へは「もらう」を丁寧な形に変え、3から4は否定疑問を否定疑問推量にし、4から5へは、文頭につける言葉で丁寧さをより強くしている。日本語の丁寧さは、文末を丁寧語にすること、より間接的な表現をすること、文頭にも飾りをつけることで、丁寧度を増していくことができるのである。

ちょっと一言

このように丁寧さを高めることは、ややこしくはあるがあるていど機械的に作っていくことができる。ところがそもそも目上の人にお願いすることは失礼である、という場合がある。そのときはどうするか。

ふだん口もきけないような人とお寿司《すし》を食べていて、その人の前に醬油があり、どうしても取ってもらいたい。そんなときはこんな言い方で頼むことができる。

「それはお醬油でしょうか」

この間接的な言い方は、依頼の形ではなく、たんなる疑問文でしかないので、頼んだことにならず、失礼にはあたらないのである。ただし相手が勘の鈍い人で、「そうです」と言ったきりだったら、もうあきらめるしかない。

ところで目上の人と何か一緒に動作をおこそうというときは、どうしたらいいだろう。例えば社長と一緒にどこかに出かけることになって、車を待っている。そうして車が来た。そのときにはどう言うか。

一般には「車が来ました。それではまいりましょう」で通る。しかしこれでは本当はいけない。どうしてかというと社長も一緒に出かけるわけだから、「まいりましょう」という言い方では失礼になる。何と言えば適切なのだろう。「車がまいりました。お乗りください。私もお供させていただきます」と言わなければ正しい言い方にならないのである。

「ほうほう族」が多いわけ

私からの質問

「ジュースのほうは袋に入れましょうか」「ご注文のほうはいかがいたしましょうか」というような言い方は敬語と言えるだろうか。

お答えします

敬語は相手を敬う気持ちが通じなければ、敬語とは言わない。これらの言い方は、日本人の永年の習性である「間接的な表現を好む」「断定的に言い切ることをしない」というところから生まれたもので、敬語になっていない。

ちょっと一言

最近はこういう言葉遣いをする若い人たちを「ほうほう族」と言うのだそうだ。ではどうしてこうした言い方が広まって、あたかも敬語であるかのように使われているのだろうか。

日本語では直接的に表現することをはばかり、より間接的な言い方の方が丁寧であるような感覚を持っている。例えば日本人は喫茶店に人を誘うとき、こう言う。「コーヒーでもいかがですか」。この「でも」は何かというと、「例えば」の意味である。相手はコーヒーが嫌いかもしれない。それならば紅茶でもいい、という含みを持っている。これと同じで「どちらにお住まいですか」という問いに、「福岡の方に住んでおります」と方をつける言い方も一般的である。あいまいにぼかすことで、相手に対する敬意を表しているつもりなのである。

また、日本人は断定した言い方は避けたい、という習性がある。最近では若い女性たちが「……ってゆーか」「冗談じゃないよ、みたいな……」などと盛んに話している。これらも断定を避けて相手への心配りをしているつもりかもしれないが、少々耳障りである。

日本の政治家の演説などを聞くと、その感がさらに強くなる。「……といわざるをえません」「……なのではないでしょうか」「……と強く思う次第であります」などなど、よく聞くと、話の内容を断定的に言い切る、ということは滅多にない。これは丁寧さを求めると言うより、すべてを曖昧模糊《あいまいもこ》にしておいた方がいい、という日本人の永年の習慣でもある。それらが相まって「ジュースのほう」という言い方が生まれたのではないだろうか、というとこれもまた断定を避けた言い方になってしまうが。

2　理屈に合わない表現

「孟母三遷」は間違い？

私からの質問

「孟母三遷《もうぼさんせん》」という言葉がある。孟子《もうし》の母は教育熱心で、初めはお寺の近くに住んでいたが、孟子がお葬式の真似事ばかりするのを嫌い、市場のそばに引っ越しした。ところが今度は商売人の真似ばかりする。そこで、最後に学校のそばに引っ越したら、勉強の真似を始めたので、やっと安心した。

「孟母三遷」とは、孟母は三回も子供のために引っ越しをするほど教育に熱心だったという逸話から生まれた言葉だが、よくよく考えるとおかしい。孟子が引っ越したのは二回であって三回ではない。なぜ三遷と言うのだろう。

お答えします

　こうした数え方の違いはほかにもある。ある男が結婚と離婚を繰り返し、三人の女性と結婚したとする。この場合「この男は相手を二回代えた」と言う人と「三回代えた」と言う人がいる。「代える」という行為は確かに二回しかやっていないのだが、「三回代えた」と言いたくなる。

　小学校で習った植木算を思い出していただきたい。あのとき木の数と間隔の数を錯覚して、両方が同じだと思ってしまったように、私たち日本人は目立つ事柄によって、つまり孟母三遷であれば「家」の数、結婚であれば「妻」の数で、それを結ぶ部分を忘れてしまうのである。

ちょっと一言

　もっとも「孟母三遷」という言葉は中国から伝わったので、中国人も数え方があいまいということになるが、それより「三」という奇数の数字が語感としてよかったということだろう。似たような例に「七転び八起き」というのがある。これも本当は七回転んだのなら七回起きなくてはおかしい。これも「八」という数字の縁起のよさから生まれた言葉だと思う。

さて、東海道新幹線は東京、品川、新横浜《しんよこはま》、小田原《おだわら》、熱海《あたみ》……と停車していく。「東京から三つ目の駅はどこ?」と聞かれたら、何と答えるだろう。「新横浜」と言う人と「小田原だ」と言う人といるかもしれない。問題は東京からの「から」が東京駅を含むかどうかである。日本語はこうした言葉の意味の使い分けがわりあいあいまいになっている。一般的には「小田原」と答える人の方が多いようだ。

車に人を乗せて走っているとき、「三つ目の信号を曲がってください」と言われて、今通過している信号を勘定に入れるかどうか困ることがある。これらは人によって感じ方が違うので、「今青に変わった信号を」というように指示をした方が相手にわかりやすいだろう。

「無洗米」は正しいか

私からの質問

無洗米という言葉がある。洗わなくていいお米、という意味だが、洗っていないお米というようにも取れる。どちらが正しいのだろうか。

お答えします

これはどちらも正解。不洗米というと、明らかに洗っていないお米の意味になるが、「無」という漢字はどちらにも解釈できる。

ちょっと一言

日本語ではこうしたたぐいの、ちょっと考えると理屈に合わない言葉というのがけっこうある。例えば「保証人」といったら保証する人を指す。ところが「使用人」というと使用する人ではなく、使用されている人を言う。「雇用者」といえば雇い主のことだが「雇用人」といえば雇われている側になるのもややこしい。

「虎狩り」は虎を狩ることだが、「鷹《たか》狩り」といったら、鷹を使って動物を狩ることになる。湯飲みは茶碗《ちゃわん》のことだが、酒飲みといったら杯のことではなく、酒を飲んでいる人のことを指しているのだ。だからあまり理屈っぽく考えない方がいいかもしれないが、ではこの洗う必要のないお米のことを、何と命名すれば一番ぴったりするのか、考えてみよう。

理屈から言えば既洗米だろうが、何となくピンとこない。中国の人に聞いたら、「免洗米」というのがいいと言う。確かに「免」というのは、のがれるという意味があり、中国では「免費」というとタダということになる。だから「免洗米」というのは一番合理的ではあるが、果たして日本人にわかってもらえるだろうか。

そもそもお米に対して「洗う」という表現自体、日本人にはちょっと違和感がありそうだ。英語では確かに、wash the rice だが、やはりお米は洗うではなく、研ぐと言ってほしい。一粒一粒のお米を丁寧に手でもんで、余分なぬかを取り、ピカピカに白く光らせるという作業は、研ぐという言葉こそぴったりだからだ。

「浄米」という意見もあった。これも確かに言い得て妙だが、何となく抹香くさいような響きがある。では「研ぎいらず」はどうだろうか。しかし「研ぐ」というのは包丁などの刃物でも使う言葉なので、研がなくてもいつもよく切れる包丁を指している名称にも聞こえる。

覚えやすいという意味では、「スグタケール」とか「手抜き米」とかいった名前はどうだろうか。でも「スグタケール」はお米という純日本的な食物と不似合いだし、「手抜き米」はお米自体手抜きをして作られたようで、おいしくなさそうな感じがする。

というわけで私には「無洗米」に代わるいい呼び名は思いつかなかった。文句を言うのは簡単だが、これを作った人がどれほど大変な思いをして名前をつけたか、苦労のほどが偲《しの》ばれるというものだ。

3　あいまいな言葉の使い方

前と後ろの関係

私からの質問

あなたから見て、先生が教卓の向こう側で、黒板の前にいる。そのとき先生は教卓の前にいるのだろうか。後ろにいるのだろうか。先生が移動してきて、教卓のこちら側に立った。そのとき先生は教卓の前にいるのだろうか、後ろにいるのだろうか。

お答えします

自分と教卓の間に先生がいるとき、「先生は教卓の前にいる」と言ってもいい。

しかし教卓に方向性があり、教卓の中にマイクやチョークがあって、それが黒板の方から取れるようになっていると、教卓の向こう側にいるときも、「先生は教卓の前にいる」ということになる。

ちょっと一言

例えば親戚《しんせき》のおじさんが危篤になって、あなたが駆けつけたとする。おばさんが「おじさんの前に座って、顔を見せてあげて」と言った。あなたはどこに座ったらいいだろう。

おじさんに方向性があるとすると、「おじさんの前」は寝ているおじさんの顔の上になってしまう。しかしそこに座るわけにはいかない。おばさんは「おじさんから顔がよく見える頭の横」あたりを指して言ったのだろうと思われる。つまり「前」という言葉は非常にあいまいな場所であるとも言える。

日本語は「前」「後ろ」「横」などの空間的な言葉が不備だと言われている。こんな話がある。友人が寝台車に乗ったら、下の段にはきれいなアメリカ人の女性が乗っていた。ところがこの女性は夜遅くなっても本を読んでいて、明かりを消してくれない。

たまりかねた友人が「私はあなたの上で早く寝たいので、明かりを消してくれないか」と下手な英語で頼んだ。すると彼女は真っ赤になって怒り、車掌を呼ぶという騒ぎになった。彼は on you と言ったのが悪かったらしい。英語にはそう頼むとき、above you とか over you とかいろいろな表現があるらしい。

ドイツ語では「入れ」「出ろ」という言葉を、話し手が中にいるか、外にいるかに応じてやかましく言い分けるように、小学校の初めで教わるという。こんなことから言うと、日本語の空間的な言い方はずいぶん寛大なことになる。

ところで我々が便利だと思うのは「タテ」「ヨコ」という一対の言葉を持っていることだ。これを英語に訳そうと思ってもうまくいかない。三角形の面積を求めるとき「底辺かける高さ割る二」と覚えるが、これは別に「ヨコかけるタテ割る二」でもいいのである。立体的な図ではないのに高さ、というのはおかしい。たぶん英語をそのまま訳して覚えさせられているのではないだろうか。

日本語の「タテ」と「ヨコ」は欧米人にはなかなか理解しにくいものらしい。この言葉を教えると、一つひとつの品物について、コレハドッチデスカ、タテデスカ、ヨコデスカ、と聞いてくる。なるほど辞書では「タテ」とは立っている方向、とある。これは平面的なものにはまずいし、「縦隊を作る」と言うとき、人の上に人が乗って隊列を作るわけではない。前後に並ぶのだ。思うに我々の両目を結んだ線に対して平行な方向がヨコで、それに直角に交わった方向がタテなのである。

畑と林の見分け方

私からの質問

通常、畑は丈の低い穀物が生えているところ、林は木が生えているところ、と言われる。ところがブドウ畑、リンゴ畑というのもあって、木でも畑と呼ぶことがある。どう違うのだろうか。

お答えします

ブドウもリンゴも立派な木である。しかしその果実が栽培されている場合は、畑と言い、林とは言わない。もしもリンゴの林と言うときは、なっているのは自然のリンゴで、人の手が入った甘くておいしいリンゴがなっている印象にはならない。

一方で松の木がたくさんあっても、松林と言って、松の畑とは言わない。松は林で、畑と言わないのは、松の実を収穫するために栽培しているからではないからだ。ただし松林は、防風、防砂など、何か意図があって作られたものだ。つまり畑と林の違いは種類の違いではなく、畑は果実を利用するために、林は木全体を利用するために栽培しているかどうか、目的の違いで呼び方が変わってくるのである。

ちょっと一言

ちなみに森と言うときは、自然に木が密集している場所を呼ぶ。鎮守の森などと呼ぶように、森には人間の手が入らない、神聖な場所ともいうべき響きがある。

ところで畑というのはもともと日本で作られた漢字、つまり国字である。日本ではお米を作る「田」というのが非常に重要で、「田」という字を重く見る。中国では南部に行かない限り稲作をしなかったので、「田」は日本の畑を指す言葉だった。日本では畑を表す文字をほかに作らざるをえなかったのである。そこで刈り取った草などを燃やして、それを肥料にして新たに作物を作るところから、「畑」という字を作り出した。

日本人が「田」を尊重することは、人の名字で「田」のつくものが多いことでもわかる。「田中」「田村」「吉田」「上田」「山田」と枚挙にいとまがない。いかに日本が稲田の国であるか、よく表している。

4　日本人らしい表現

日本人が好む翻訳とは？

私からの質問

次の英文の訳し方で、一番いいのはどれだろうか。

Sunshine on my shoulder makes me happy.

1　私の肩の上の日差しが私を幸せにさせる。
2　肩の上に日があたって私は幸せだ。
3　背中に太陽があたって私は気持ちがいい。

お答えします

もしも受験英語的になるべく正確にそのまま翻訳をするのであれば、1が正解かもしれないが、あまりいい日本語とは言えない。2は間違いではないが、肩と言うよりもこの場合背中という方が一般的である。3が一番日本語としてなじんだ翻訳と言えるだろう。

ちょっと一言

英文ではSunshineという無生物が主語になり、meという大切なものが目的語になっている。3では「私」が主語になり、太陽はあくまでも従属節の中の主語でしかない。日本語では何かを表現したいとき、主語になりやすい順番というのがある。一般に「私」「あなた」「生き物」「もの、こと」という順番である。例えば「この本は私によって書かれた」というより、「私がこの本を書いた」と言う方が自然である。「本」より「私」の方が大切だからである。

そもそも「私を幸せにする」という他動詞的表現を、日本人は好まない。「私は妻を持っている」というような場合でも、「私には妻がある」と言う方が普通である。いつかアメリカ映画を見ていたとき、男が恋人を、自分の父親に初めて紹介した場面があった。後でその恋人が、その男に向かって I love your father. と言う。ところが字幕では「お父様っていい方ね」になっていた。私はいかにもこの方が、日本語としてすんなり理解できて、いい訳し方だ、と思った覚えがある。

身振り手振りが少ない理由

私からの質問

日本人は外国人に比べて、身振り手振りをあまり使わない。それはどうしてだろうか。

お答えします

日本人は、もともと気遣いの民族、と言われるくらい、相手の心を常に敏感に察知しながら会話をする。だから自分の気持ちを大げさに表現する必要がないために、身振り手振りを使わなくなったということも理由の一つだろう。さらに上品に話したいときは、両手を頭より上に出さない、両肩より外に出さない、という暗黙のうちの決まりごとがある。「大きい」と言うときも両肩まで。日常的な「バイバイ」をするときも、頭より上に手を上げないのが普通である。

ちょっと一言

イタリア人は両手を縛るとしゃべれなくなる、と言われている。イタリア語では話すとき、両手や表情をいっぱい使って話す。それに比べて日本人は表情に乏しく、身振り手振りをあまり使わない、と言われている。

ただし全く使わないか、というとそんなことはない。例えば落語を見ると、実に豊富な動作がある。「さすがにあなたは違ったもんだ」と言いながら、アゴをスーッと引いてみせると、「感心しました。恐れ入りました」という感じがいっそうよく出る。もしもこのときアゴをグッと突き出したら、逆に相手に対する侮蔑《ぶべつ》の気持ちが出てしまうことになる。

「幽霊の手なんてもんは、すべてこの下を向いていますなあ。あれが陰の手ってやつでな。喧嘩《けんか》を止めるときなんぞは、やっぱり陰の手がよろしいようで。『まあまあ、ここんところは』ってんで、手のひらを下に向けて動かします。そこんところを陽の手で動かしまして、『まあまあ、ここんところは』なんて手のひらを上に向けて動かしますと、ますますあおっちゃうことになる」と落語家がやるように、身振り手振りは日本人の生活にもしっかり結びついているのである。

ただしこれもやりすぎは禁物である。いつか渋谷の駅前に野党のある政治家が来て、演説を行っていた。この人は「今や政府は……」と言って両手を高く上げ、「時局収拾の策を失い……」と言ってその手を下ろす。「ここに我が党は……」と言いながら手を振り上げ、「現在の窮状を打開するため……」と言って手を下ろす。初めのうちはよかったが、これが間断なく繰り返されるので、聴衆はラジオ体操を見ているようで、だんだん笑い声が出てきたという。これではせっかく聴衆の関心を引きつけるはずの身振りが、逆効果になってしまう。一般に政治家は広いところで観衆を相手に話す場面が多いせいか、身振り手振りが大げさである。

また身振り手振りとは違うが、日本語には表情音と呼ばれるものがある。これは何かというと、例えば講演の最中、周囲ががやがやとうるさくなったとき「シーッ」とやると、いっぺんに静かになる。これが表情音だ。これを「静かにしろ！」とか「やかましい！」とか言葉で表現すると、「お前こそ静かにしろ！」と怒鳴り返されかねない。しかし「シーッ」ならそんなに角が立たないし、誰が言っているのかもわからない。しかも講師の話の間にこれをやっても、話を中断させることもない。

菊池寛《きくちかん》の『時の氏神』という戯曲の中に「まだこっちは眠っていないぞ」ということを悟らせるために、寝ている人が「エヘン！」と咳をするところがある。これも同様の効果を生む、表情音の一つである。

漢字はなぜ必要か

私からの質問

日本にはひらがながあるのに、なぜわざわざ難しい漢字を使うのだろうか。

お答えします

日本語は欧米の言語、中国語、朝鮮語などに比べて、発音の種類が少なく、しかも音の組み合わせに制約がある。例えば「ん」や「を」で始まる言葉はない。「ぱ・ぴ・ぷ・ぺ・ぽ」で始まることもほとんどない。また、音読みでは二音目は「ん、っ、つ、か、く、い、き、長音（長く延ばす音）」に限られている。従って同音語が多くなり、それらを区別するためにも漢字は必要なのである。

ちょっと一言

もしも日本語に漢字がなく、ひらがなばかりだったら、いろいろと誤解を招くことが多いだろうと思う。電報は以前は一般的にカタカナで送られたが、これの読み間違いがけっこう昔はあったという。明治時代の日本野球の草創期、初めて一高（現・東京大学）の野球部と外国人チームとの試合が行われた。その前に外国人チームから電報が届いた。「ナンシニクルカ」。何時に来るか、という問い合わせだったのに、当時は電報には濁点がないために「汝、逃ぐるか」と一高側は読んでしまい、戦う前にあわや喧嘩になりそうになってしまったとか。

日本語では発音の数の少ないことは、長所でもあるが、逆に短所でもある。同音語が多く、読み方のつなぎ方次第でどうにでも読めてしまう。だから漢字の果たす役割が大きいのである。

また漢字は表意文字である。世界のほとんどの文字は表音文字で、音だけを表すが、漢字は意味を持っている。そういう意味では昔エジプトで使われた象形文字と同じである。したがって漢字を組み合わせることで新しい言葉をいくらでも作れるし、漢字を見ただけで意味がスッと飲み込めるという優位さも持っている。

新聞の求人広告欄などを見ると「委細面談」「施設完備」「免許優遇」など、漢字を見れば大体要望していることがわかる。記事を読むひまがなくても「内閣総辞職、自民党派閥の建て直しか」などと、見出しの文句をパッと見ただけで内容がおよそわかる仕組みである。こういう便利さは漢字ならではだ。

また、日本語は漢字、ひらがな、カタカナ、アラビア数字などいろいろな文字を合わせて使っているので、句点がなくても意味がすぐにわかる。「マッチ売りの少女が四本目のマッチを擦ると暖炉のそばで少女を待っているお婆さんの姿が浮かびました」と書いてあっても、ちゃんと読める。もしこれをひらがなばかりで書くと、「まっちうりの　しょうじょが　よんほんめの　まっちをすると　だんろのそばで　しょうじょをまっている　おばあさんのすがたが　うかびました」と分けて書かないと大変読みにくい。ローマ字の場合はもっと細かく分けて書かなければならなくなる。

民俗学者の柳田國男《やなぎたくにお》先生は、漢字だけさっさと読めば日本の本は書いてある内容が大体わかると言っておられた。「読み飛ばす」という言葉があるが、これは漢字があってこその文体だからであろう。

第2章

周りを引きつける人の日本語力

1　じょうずに話すということ

面接試験で気になる話し方

さて、日本語に関するさまざまな知識を質問させていただいたが、みなさんの解答は如何《いかが》だっただろうか。知っているつもりでも、あらためて聞かれると、首をひねってしまうことも多かったのではないかと思う。

私たちの使っている言葉は、そのくらい複雑で、あいまいで、しかもどんどん変化していくものなのである。しかし基本になっていることもいくつかある。

本章では相手にわかりやすい説明のしかた、あるいは相手を引きつける話し方などについて、いくつか述べてみたいと思う。ただ何ぶん私が老齢のため、挙げた例の中で多少昔の話も出てくるが勘弁していただきたい。みなさんがふだん会話をしていくうえでの参考になれば幸いである。

何年か前、私の身の回りの世話をしてくれる若い人を探すために、簡単な面接試験をしたことがある。そのとき、今の若者の話し言葉を聞いて、気づいたことが三つほどあった。

一つは、すっかり定着してしまった語尾を長く延ばす言い方についてだ。

「それでェ、私はァ、前の会社を辞めたんですけれどもォ……」

と、際限なく引っぱってゆく。これは聞いていて、やはり大変聞きづらい。そしてせっかく内容はきちんとしたことを話していても、語尾にしまりがないために、内容まで幼稚っぽく聞こえる。はなはだ損な話し方だ。

なぜこうした話し方をするようになったのだろうか。一つは、ひと頃猛烈な勢いで学生たちの間に吹き荒れた学生運動のアジ演説の影響だろう。「我々ワァ、断固としてェ、国家権力にィ……」という、あの話し方である。あれはマイクを持って絶叫調で話すとき、言葉をつなげると聞き取りにくいので一つひとつの文節で切り離す。だからああした言い方になったのだろう。

しかし学生運動が過去の話になった今、それだけが原因ではないだろう。私が思うに、戦後国語教育の現場教師の間で「ネ・サ・ヨ反対運動」がおきた。その影響があると思う。「ネ・サ・ヨ」というのは、語尾に、

「私がサ、学校に行ったらネ……」というように、語尾に「ネ・サ・ヨ」をつけて話す。語の切れ目を引っぱることで、常に相手の注意を自分に引きつけたい、まだここで話が終わっていないのですよ、と相手に訴える効果を出しているのである。

こういう語尾につける言葉は日本語には昔からあり、また全国の方言にもある。「のし」「なも」「なあ」などがそうだが、古くは「春雨《はるさめ》や」の「や」もそうだ。なぜ日本語にはこうしたものがあるのかというと、例えば英語では相手の注意をそのまま引きつけたいときは、「ワンダフル」を「ワーンダフル」というように強めたいところを長く延ばす。そして延ばしても意味が変わらない。

しかし日本語では「最高」を「サーイコウ」と引っぱると、「さあ行こう」という別の意味に取られてしまうことがある。従来の意味が変わってしまうために、文節の途中で延ばすことはできないのだ。また、特に関東地方あたりでは、言葉を歯切れよく話すことが美しいとされていて、全体の音が「ポッポッポッポッポ……」と聞こえるように短い点のように発音する。こうした話し方だと、文節で区切れるところに何かを持ってこないと、話している方は心理的に落ち着かなくなるようだ。

だから「ネ・サ・ヨ」が必要だったのだが、それをやめよう、ということで代わりに「私はァ」と語尾を延ばす話し方が生まれてきた。そうすると「ネ・サ・ヨ」を廃止しようとすることが果たしてよかったのかどうか、私としては疑問を感じるところである。

若者の話し言葉で気になる二番目はやはり敬語の使い方であろうか。「おっしゃる。召し上がる」などの敬語の使い方も難しいが、もっと大変なのは、例えば上司に「今日はご苦労さまでした」などと言ってしまう。「ご苦労」とは本来目下の人をねぎらう言葉で、目上の人には「お疲れさまでした」の方がいいだろう。

敬語ではないが、自分に対する謙遜《けんそん》のつもりで言葉を誤用する例も目立つ。よくあるのが講演会の質問で、「これは私の素朴な質問ですが……」と言う人。「素朴な」とは飾り気がなく素直なようすという意味で、一種のほめ言葉なので、自分に対してつけるのはおかしい。同じように自分に対して使うとおかしいのは、「大胆な」「率直に」などの表現である。こうした言葉の使い方は、言葉にうるさい老人の前では注意した方がいい。

こうしたやかましい敬語の使い方は、中国から儒教とともに入ってきたもので、江戸時代に一般化したが、同じ儒教の国ではあるが韓国とも使い方が少々違う。自分の母親のことを、「母は……」と言わず「お母さまは」などと言ったら日本では笑われるが、逆に韓国ではそう言わないとあの人はなんて親不孝な人だ、というふうに非常識に思われるとか。

また関西と関東も少し違って、関東では「タクはまだ帰っておりません」と言うが、関西では「主人は戻られまへん」と、自分の亭主に対して敬語で表現する。こんなことも、「郷に入れば郷に従え」で難しいところだ。

三番目に気になる点は、省略言葉である。日本人は使いなれた言葉は大変簡単に言う。例えばTV局に行って場所を聞くと、「それはサンスタです」と言う。サンスタとは第三スタジオのことだ、と解釈するまでにだいぶ時間がかかる。

テレビ出演の依頼電話がかかってきて、いきなり「イーストです」と名乗る。そう言われても、出版社なのか、テレビ会社なのか、証券会社なのか見当がつかない。以前に何回かやりとりをしたことがあっても、私は八〇歳を超えモーロクしていることが相手はわかっていない。

省略する癖は今に始まったことではなく、昔行った面接でも「フチュウを卒業しました」と言われて困ったことがある。フチュウといえば「府中」しか思い浮かばないが、相手は富山《とやま》中学、略して富中のことを言っているつもりだ。

言葉にはぞんざいに言っても通じる言葉と、丁寧にゆっくり言わないと通じにくい言葉がある。「お世話さまです」なんて挨拶《あいさつ》は早口でもわかる。しかし固有名詞は大変わかりにくい。電話で「和歌山県」と早口で言われると、「岡山県」と混同してしまうこともある。若い人はえてしてそのあたりの配慮が足りないことが多い。自分がよく知っている言葉は、当然相手も知っているものと決めてかかっている。

会話をするとは、結局相手への配慮をいつも忘れずにいる、ということかもしれない。

聞きほれてしまった挨拶

私は常々よい話というのは、自分の意図をよく伝える話し方だと言っている。が、これにはちょっと注意がある。話にはいつも意図があるわけではない。話したくなくても話さなければならないことがある。よい話し方というものは、そういうときにこそ大切な問題である。ではどういう話し方がよい話し方であろうか。

いつか私は父・京助《きょうすけ》と二人、横浜の中学校の先生たちの集まりに呼ばれたことがある。当時私たちは国語の教科書の編集をして三省堂から刊行していたが、横浜では全市を挙げて私たちの教科書を採択してくださっていた。つまり大切なお客さまだ。そこで先生方の集まりが企画され、私たちはお礼参りというようなことで三省堂の人につきそわれて出かけたのである。

会場へ行ってみたら、先生方は集まっていたが、父はまだ来ていなかった。そのうち来るだろう。それまでは私がつなぎをしようというわけで、前座の講演をやることになった。

「日本語の特質」であったか、「日本人と日本語」であったか、いつものテーマだから簡単なものである。始めようとすると先生の代表が、「お父上の講演の題はどう発表しておきましょう」と言われる。「さあ、何をしゃべるか、『ご挨拶』とでもしておけば適当にしゃべるでしょう」と答えて、私は演壇に登った。

一時間ばかりしゃべった頃、父が会場に入ってきたのが見えた。もうそろそろやめていいはずであるが、父も心の準備が必要かもしれない、と思い、一五分ばかりしゃべってきりをつけ、壇を降りた。

そこで代わって父の講演が始まった。ところがこれが実にまずいのである。父は、啄木《たくぼく》の思い出やアイヌ集落探訪の話などさせれば実に巧みに観衆を引きつける。私などとうてい到底かなうものではない。それが今日に限って、同じことを繰り返してみたり、頭をペコペコ下げてみたり、正視できないほどであったが、三〇分ぐらいでしゃべることがなくなったのか、壇を降りてきた。

私は不思議に思ったので、帰り途《みち》に今日はどうしたのですかと聞いてみた。すると、父の言うことには、今日ぐらい話をするのが苦しかったことはない。会場へ来てみたら、壁に、

「ご挨拶　金田一京助」

と書いてある。「ご挨拶」とは何だろう。どんなことをしゃべっていいかまるっきり見当がつかない。というわけで、あのとおりシドロモドロになってしまったが、実に困ったという話だった。

私はこれを聞いて、悪いことをしたと思った。実は京助はこのときどんな話をしてもよかったのである。例えば、

「おそらくみなさんは、私のことを石川《いしかわ》啄木の友人としてご存じでしょう。今日は今まで誰にも話さなかった啄木の思い出を一つ話しましょう」

と言って、何か一つ逸話を一五分もやり、

「これをもって、みなさんのご好意に対するご挨拶に代えます」

と言えば、それで十分なのだった。この失敗はひとえに父のまじめな性格に気づかなかった私の責任と言えるだろう。


私はここで中学生時代に接した漢文学の塩谷温《しおのやおん》博士を思いおこす。私の出身中学校の校長は阿部宗孝《あべむねたか》という長州出身の愛国者で、創立記念日ともなると、親しい軍人、政治家が何人か来て、一人ずつ長々と堅苦しい講話をする。そういう講話をいくつか聞いているうちに、生徒たちは疲れてしまう。司会をしていた教頭はもう一方にお願いしたいと言って、塩谷博士を指名した。生徒一同、やれやれという気持ちになっているときに、博士は登壇されたが、

「今日は実のあるお話がたくさんあって、諸君はもう私が話しても頭に入らないだろう。私はお話をする代わりに、私が諸君ぐらいの年齢のときに読んで感銘を受けた漢文の文章を朗唱する、それを聞いていただこうと思う」

と前置きされてから、眼をつぶり、姿勢を正して、

「外史氏曰《いわ》ク、予屢《しばしば》摂播《せつばん》ノ間ヲ往来シ、イワユル桜井《さくらい》ノ駅ナルモノヲ訪ウ。コレヲ山崎路ニ得タリ。僅《わず》カニ一小村ノミ。過グル者アルイハソノ駅址《あと》タルコトヲ省ミズ……

……」

という頼山陽《らいさんよう》の『日本外史』のうちの楠氏論《なんし》の一節を暗誦された。音吐朗々というのはああいうときの形容句だろう。緩急・強弱の変化も法に叶《かな》い、一回の言い淀《よど》み、言い誤りもなく、全文を誦《ず》し終わられたときに、私は深い感動を受け、今までの疲も、拭《ぬぐ》い去られたように感じた。私は、そのときのほかの人たちの講話はすぐに忘れてしまったが、軍国主義がどうとかとは関係なく、この塩谷博士の影響で頼山陽の賞揚した楠公父子の純忠な気持ちには高い敬意をいだくようになったのは確かだ。このときの阿部校長の意図は、塩谷博士によってちゃんと叶えられたのである。阿部校長は博士に、現代青年の覚悟とでもいう題の講話を依頼したのではなかったか。自分に与えられた演題から離れて、それ以上の成功を収めることがあることを心得るべきだと思う。

こういう挨拶が上手だったのは、東大の国語学の教授時枝誠記《ときえだもとき》博士だった。時枝博士は国語学会の代表理事をつとめておられたが、国語学会では春秋二季に一般の学者の研究発表会を開き、その後自由な討論を行う。ところが、時枝博士は独特な文法学説を展開しておられるので、しばしば論議の対象になり、その日もこれはどう見ても時枝博士のお考えの足りないところをついていると思われる発表がいくつかあった。

その日最後の閉会の辞を述べるのが時枝博士の役目になっていた。

私は司会役をやっていたが、時枝博士はさぞやりにくいだろう、多少心の動揺も来しておられるだろうし、と思った。が、博士は悠然と壇上に登り、

「今日はいろいろ有益な発表があった。いろいろな意見が出ることは学問の進歩のためにまことに喜ばしい……」

というようなことをしっかりした口調で手短に述べ、それから私の方を振り返り、誰にも聞こえるような声で、

「これは閉会の辞でしたね」

と問われた。聴衆は、ちょっと失笑しかけた。私は、あわてて、

「そうでしたが」

と答えた。と、博士は聴衆の方に向き直って、

「と、いうわけで、これをもって閉会の辞といたします。りっぱな研究会ができたこと、御礼申し上げます」

と結んで降壇して、拍手を受けた。

思うに、博士は閉会の辞であることはちゃんと心得ていたのである。が、私にちょっと問われた。それが変化をつけた。そのために、突飛であった「これをもって閉会

の辞といたします」がうまくおさまったのである。あそこでは時枝博士が自説の弁明を長々とするよりは、あの簡潔な挨拶の方がはるかに国語学の第一人者という地位にふさわしかったと私は感銘したのである。自分の役柄をよく心得ていた処理と言うべきであろう。

アメリカからケネディ大統領の弟が日本視察の目的で来日したことがあった。日本の新聞記者たちから質問を受けて、どんなことでもはっきりした意見をスパスパ言うので日本の政治家と違うという評判を取ったものだった。それが最後に日本を離れる際、ケネディを送る会というのが開かれ、その席で行ったスピーチがおもしろかった。「私ハ日本ニ来テ、日本デハフロニ入ルトキニ親子キョウダイミナ同ジフロニハイルトイウ話ヲ聞イテ、私モ日本人ニ生マレレバヨカッタナアト思イマシタ。ソウシテ、マリリン・モンローガ私ノ妹ダッタラドンナニヨカッタロートト思イマシタ」

これは非常な拍手を受けたそうであるが、我々も学ぶべき点多大である。かたい挨拶というようなものは不要なのである。こういう軽い、正直な（正確には、正直そうな）短いスピーチが一番いいのである。もっともこれを真似しようとしても、案外難しいのかもしれないが。

説明がうまい人ヘタな人

学校時代のことを振り返るといろいろなタイプの先生がいたと思う。大変人気のあった先生、ちっとも人気のなかった先生……。ところで、どういう先生に人気が集まっただろうか。

親切な先生、おもしろいことを言う先生、いろいろあるが、説明がじょうずであること、これは、その先生に人気が集まるか、集まらないかが決まる、一番大切な条件だったと思う。前の先生の説明では、どうも納得のいかなかった数学の理論が、新しい先生の説明で、明快にわかった場合、その先生に対する尊敬の気持ちは、急激に高まったものだ。

ところで、学校時代とは逆に、今は人にものを説明する立場にある人もいるだろう。小さい弟に言葉の意味を聞かれる、道を歩いていて、知らない人に駅までの道を教える、知り合いの人にサッカーのルールを説明する、そんな機会もあることだろう。そのとき、相手は、果たしてよくわかってくれるだろうか。

説明をするときのコツについて少し考えてみたい。ごく簡単な例を取ってみよう。

それは、例えば相手がよく知らない人について説明する場合である。
妻「今日、お使いに行って、京子さんに会ったの。あの人、もう赤ちゃんをダッコして歩いているのよ……」
夫「京子さん？　京子さんて誰だっけ？」
妻「あら、知らない？　体格のいい……」
夫「ああ、正月にうちへ来た人か」
妻「お正月に？　京子さん、お正月に来たかしら？」
夫「ほら、食事の後で、カラオケを歌った人さ」
妻「ああ、あれは敬子さんじゃないの。京子さんと言ったら、もっとふとった……」
夫「メガネをかけた？」
妻「メガネなんか、かけてないわ……。何て言ったらいいのかしら……」
夫「君の友人は、京子だの敬子だの、同じような名前ばっかりだからわからないよ」
こんなことがよくある。こんな場合には、まず、相手がその人について何か知っていそうなことを考えるといい。
妻「ほら去年の春頃、銀座《ぎんざ》へ行ったでしょう？　日比谷《ひびや》で映画を見た帰り、四丁目のカドまで来たら、ご主人と一緒に歩いていた人がいたでしょう？」

夫「四丁目のカドで？」
妻「ええ、はでなコートを着て、ご主人と手をつないで歩いていた人がいたじゃない。あたしが、〝京子さん〟て呼んだら、びっくりして手を離した人」
夫「うん、そうそう。やせっぽちのダンナと歩いていたね」
妻「そうよ。後で、あなたったら、あれじゃ相撲を取ったら、奥さんの方が勝ちそうだ、なんて言ってたわ」
夫「は、は、は、あれか。それで、その何とかさんが、どうしたって？」
こういけば、しめたものだ。あなたは、京子さんとしばらくぶりで会った話を始めればよろしい。
しかし、相手が、どうしても京子さんを思い出してくれなかったらどうするか。また、相手にまだ全然京子さんについて話したことがなかった場合にはどうするだろうか。それは、こんな場合と同じことである。
妻「おそかったわね。どこへ行ってたの？」
夫「いや、鈴木君のうちへ寄ってね。ご馳走になっちゃったんだ」
妻「鈴木さん？　鈴木さんて……この間結婚なさった方でしょう」
夫「うん、そうだ」

妻「あら、じゃあ、奥さんが出てきたの？」
夫「うん、出てきてね。ものすごく丁寧に挨拶したよ。こっちが恐縮してしまった」
妻「そう。で、その奥さんってどんな人？」
夫「どんな人って、そうだなあ、よく見なかったが、まあ、ふつうの女だね」
妻「ふつうって、〝ふつう〟じゃわからないじゃないの」
夫「いや、それが、ごくふつうなんだよ」
妻「年はいくつぐらい？」
夫「さあ、聞かなかったが、二一、二かな」
妻「まあ、そんな若いの？」
夫「いや、二三、四かな？」
妻「まあ、二三、四」
夫「いや、もしかすると、二五、六かな？」
これでは説明にならない。こういう場合、相手が満足するように説明するには、どうしたらよいだろうか。
さしあたって思いつくのは、話し方の真似をすることだ。

妻「ねえ、鈴木さんの奥さんてどんな人？」
夫「うん、驚いたのはその挨拶なんだ。（女の声の真似をして）初めてお目にかかります。みち子と申します。どうぞよろしく」
妻「あら、ずいぶん丁寧な話し方をする人なのね」
これは、もっぱら相手の耳に訴える方法だ。これもうまくできればおもしろいやり方だが、何と言っても、相手の目に訴える方がいっそう効果的である。それにはどう説明したらいいだろう。
写真があれば、簡単で、それを見せればいい。また、ちょっちょっと、スケッチ風に、似顔絵を書く。それもいい。しかし、そんなめんどうなことをしないで言葉で説明する方法はないだろうか。このときには、誰か、相手が知っている人の中に、その人に似た風貌《ふうぼう》の人はないかと探すのが一番じょうずな方法だ。
夫「その鈴木君の奥さんというのはねえ。ほら、駅へ行く途中に、喫茶店があるだろう？」
妻「喫茶店？」
夫「ほら、大通りへ出て、三軒行ったところに」
妻「ああ、いつか、あなたがコーヒーを頼んだらいやに時間がかかって、しかもおいしくなかったって言ってた？」

夫「そうそう、あの店。あすこで、いつも店先をそうじしているママさんがいるだろう？」

妻「ええ、顔色のあまりよくない」

夫「うん、顔色がよくないかな。あの人に、ちょっと似た人なんだ」

妻「まあ、鈴木さんの奥さんって、あんな人なの？」

夫「そうなんだよ」

こういけば成功だ。相手は自分の知っている喫茶店のママさんをもとにして、勝手に鈴木さんの若奥さまの姿を思い浮かべてくれる。もっとも、相手はこう言うかもしれない。

妻「だけど、あの人はもう四〇近いわよ。それでも似てるの？」

あなたは自信を持って話を進めてよろしい。

夫「うん。そりゃあ、年はもっと若いさ。鈴木君の奥さんだもの。だけど、あのママさんを、もう一回り若くして、品をつけたら、鈴木君の奥さんそっくりになると思うんだ」

これで、相手は、鈴木さんの奥さんという人に、大変親しみを持ってくれる。もし、あなたが、今度鈴木さんの家へ行ってきたら、相手は待ちかねて聞くだろう。
妻「どうでした？　喫茶店のママさんは？」
このように、ほかの似た人を探し出す。そしてそれと比較して説明する。これは、相手のまだ知らない人を説明する一番の近路《ちかみち》だが、ただここで注意すべきことは、いくら比較するといっても、相手の知らない人と比較するのはムダであるということだ。
夫「敬子さん？　敬子さんって誰だっけな」
妻「敬子さんて言ったらね。ライザ・ミネリそっくりな人」
夫「ライザ・ミネリ、何だって？　何だい、そりゃ」
妻「知らないの？　『キャバレー』に出た人よ」
夫「へえ、それで君の友人は、その何とかいうのに似ているんだね。それで、そのキャバレーがどうしたって」
こういうのは、たとえ、その敬子さんとライザ・ミネリが、客観的にどんなに似ていても、失敗である。相手の知らないもの、馴染《なじ》みの薄いものでいくら説明してもピンとこない。
それでは、適当な似た人の例がない場合はどうするか。ちょっと考えると詳しく説明した方がいいように思える。

妻「それでその渡辺さんというのはどういう人なの」
夫「渡辺っていうのはね、背が高くて、頭が円くて、鼻が尖《とが》って、あごが長くて……」
しかし、こういうのは、相手には、それほど強い印象を与えない。大きな特徴を一つか二つだけ取り出した方がはるかにいい。
もっともそれもこんなふうではおもしろくない。
夫「渡辺というのはね、すごく背の高い男なんだ。一八〇センチぐらいあるかな」
もっと目に見えるようにやるべきである。
夫「渡辺ってのは、ものすごく背の高い男でね……。電車なんかへ乗ると、立っている人はみんな吊《つ》り革へつかまってるだろう？」
妻「ええ」
夫「ところが、渡辺ときたらね、ほら、吊り革の上に横木があるだろう？」
妻「ええ、吊り革がぶらさがっている……」
夫「うん、あの横木へつかまってると、ちょうどいいんだよ」
妻「へぇ？」
夫「あの横木へ、こうやって両手でつかまっているんだが、ああなると、人間というよりも、猿という感じだね、は、は、は」

これを身振りを込めてやればよろしい。相手の頭には、その人がオランウータンか何かのように、横木の上に顔だけ出しているようすが目に浮ぶ。

話がちょっと横にそれるが、これと関連して、私は漱石《そうせき》の『坊っちゃん』の筆の進め方に感心する。あの中に、四国の中学校の同僚の先生たちがたくさん出てくる。それに対して、坊っちゃんは最初にアダナをつけている。ヤマアラシとか赤シャツとかウラナリとか。そして以後、そういう人たちを呼ぶときに、いつもそのアダナで呼ぶ。私たちは、『坊っちゃん』を読んで、そこに出てくるそういう人物に大変親しみを感じ、そういう人たちのようすが目に見えるような気がする。それは、あのアダナのおかげだと思う。もし、坊っちゃんが、登場人物をアダナで呼ばないで、堀田《ほった》君がどうしたとか、古河《ふるかわ》君がどうしたとかいうようにすべて本名で呼んでいたら、あの作品はあれほど印象的な効果を上げていないだろうと思われる。

それから、その人の特徴を話すときに、一つ注意したいことがある。それは、人の特徴というものは、見慣れてくると、だんだん目につかなくなる、ということである。

田中さんて人、初めはとてもあごの長い人だと思ったけれど、この頃はそうも感じなくなったわ。初めは目がだまされたのかな。

こういうのが普通である。しかし、その人に対する第一印象というものは、相当客観的に信頼できるもののようである。その人のことを話す場合、今はそれほど感じなくなっていても、最初その人と会ったときに自分がどう感じたか、それを思い出すといい。

妻「田中さんはね、とてもあごの長い人なの。ご飯を食べるときに自分のあごがじゃまにならないかと思うくらい……」

もし、相手が何かの機会に、その当人に会った場合には、やはりきっと同じことを感じるだろうから。

はは あ、これが田中さんか。なるほど、みごとなあごだ。これがほんとのロング・ロング・アゴーだろう。

以上、私は、ものごとを説明する例として、一人の人を相手に説明するコツを伝えた。これはもっと難しい込み入ったことを説明する場合にもきっと役に立つ。もう一度ここで復習すると、

一つ　相手の知識をなるべく活用すること。

二つ　相手の知っているほかのものに結びつけること。
三つ　相手の知らないものについて言ってはゴタゴタするだけであること。
四つ　目に見えるように話すこと。
五つ　あまり多く一度に言ってもムダであること。
六つ　第一印象というものを重んじること。

わかりやすく伝えるコツ

びっくりさせられる中抜き表現

次に文章の書き方について、少しお話ししよう。相手に簡潔に説明するということは、文章のうえでも大変難しいことだ。まずセンテンスの中で、論理的にしっくりでき上がっていないものは、わかりにくいということ。

国語学者の永野賢《ながのまさる》氏の本に出ている例であるが、ある席である人が、

「一番下の妹さんは坊ちゃんですね」

と言ったそうだ。一座にいたほかの人が聞きとがめ、「そりゃ一体何のことだ」と

口をはさんだそうであるが、確かに、妹が坊ちゃんだ——女が男だとは、性の転換が行われたのかと不審である。が、これは、三人姉妹のうち、姉二人には娘しかなく、末の妹のところに初めて男子が出生した、つまり、

「一番下の妹さんは坊ちゃんをお産みになったのですね」

というところをはしょって右のように言ったわけだった。日本語には、珍しくない言い方ではあるが、事情や文脈を知らないで、いきなりこの言葉に接したら、ショッキングなことであろう。

もっとも我々はふだん非論理的表現にはなれている。カン詰めのジュースの広告に、

「カンごとグッとお飲みください」

とあっても、カンも一緒に胃袋に入れてしまえというのではないことはわかる。町のポスターに、

「殺人事件にご協力ください」

とあっても、これは「殺人事件の捜査にご協力ください」の意味だなとわかる。これはいわゆる常識による判断である。しかし、初めての場面では、あるいはトッサの場合には、常識による判断がきかないこともある。

以前、ＪＲがまだ民営化されていなくて国鉄だった頃、東京駅で入場券を買おうと

した私の知人が、売場がないと言ってあわててていた。「あそこだ」と言うと、「いや、あそこは、横須賀線の入場券しか売っていない」と言う。なるほど見ると、出札口の上に、

国電区間

横須賀線

入場券

と書いてあり、これでは国電区間のうちの特に横須賀線、それの入場券を売っている意味に取れる。国鉄では、国電区間といえば、すぐ横須賀線は入らないということがピンとくるので、「横須賀線」という文字を入れたのであるが、これが第一にまずい。一般の人は、横須賀線が国電区間に入っているかどうかやかましいことはわからないのだから、「横須賀線」の文字は不要である。その方が入場券だけ買うお客のためにもわかりやすかった。文法的に不整の形の例は、やはり論理的に不備の文の一つであって理解をさまたげる。

意味がどちらにも解釈できる困った表現

次にセンテンスのうちで、言葉のかかり方から二つの意味に取れるものも、理解をさまたげる。よく言われるように、

「美しい水車小屋の少女」

では、「美しい」のは水車小屋とも取れ、そこに住む少女とも取れる。

「京都で父からもらったお金をみな使った」

というと、父からお金をもらったのが京都であるとも取れ、お金をみな使ったのが京都であるとも取れる。

かなり前のことだが、年明け早々の新聞紙上に、暴走するトラックのために、お宮参りの三人が死んだ記事が載っていたことがあった。その文章はこんなふうだった（編集部注：匿名は編集部による）。

「一五日午後二時五〇分頃、川崎《かわさき》市紺屋町《こんやまち》三六、第二京浜国道で横浜方面へ走っていた静岡県吉原市（編集部注：現・富士市）今井町の鈴川貨物会社、A（二五）運転の大型トラックが自転車を引っ張って横切ろうとした川崎市戸手《とて》、主婦Bさん（五二）をはね、センターラインを突破して反対側から来た川崎市戸手、Cさん（三五）運転の乗用車に衝突した」

これはちょっと読むと、「センターラインを突破した」というのは、A運転のトラックとも取れ、Cさん運転の乗用車とも取れる。

終戦直後、天皇陛下がマッカーサー元帥と並んで撮った写真が新聞紙上に出たことがあったが、そのとき天皇陛下の堅苦しい正装に引き換え、元帥の方は、軍服のシャツ姿のネクタイなしというはなはだ開放的な服装であった。後で、元帥の新聞記者に対する談話が出ていたが、

「私は天皇との会見のために特に上着をつけることをしなかった」

と言ったとあった。この文は、「特に」という部分が会見だからという理由でわざわざふだん着ている上着をぬいだようにも取れる。

一体打ち消しを含む語句は二重に取られる危険があるので、その使い方には十分な注意が必要である。

相手に知らせる順番の法則

話題を文から文章に移すと、まず題材の並べ方が問題になる。すなわち、題材の順序の自然なのが何よりわかりやすい。

時間の順におこったことは、時間の順に並べるのが自然で、例えば野球の勝負の経

過は、第一回のオモテに何点、ウラに何点、第二回は……とやるのがよい。勝手にこれを第三回のオモテにどうとか、第五回のウラはどう、しかしその前に第二回のオモテにどう、とやられたのでは、聞いている人の頭が混乱してしまう。新聞に出す各地の天気概況も北から南へというように順に並べるのが親切で、それを報告順にというわけで、ばらばらに並べたら、そうしてその順序が毎日違っていたら、さぞ読みにくいことであろう。

次に、重要なことを先に、そうでないことを後回しにすべきだという法則がある。この場合には、たとえ時間的には後のものでも、重要だと思われるものがあるならばそれを先にすることが望ましい。新聞に載る火事の記事などはその方式に従っており、そのために、時間の経過とはむしろ逆の順序に並ぶ。すなわち、

一、いつ、どこが火事で何軒焼けた。〔結果〕
二、水の便が悪かったので、こんなに大きくなった。〔経過〕
三、原因は漏電らしい。〔原因〕

というように扱うのが定石である。明治頃の新聞はもっとのんびりしたもので、

「どこそこの何さんの家で長女の○○さんが夜晩《おそ》く裁縫をしていると、パチパチと音がして前の障子がぼうっと紅《あか》く明るい。びっくりして明けてみると隣が火事。すぐに消防署に連絡して……」

というように、作文調に書かれていたという。これでは今の人にはじれったい。

自分がよく知っていることを、相手も知っているとは限らない

さて、その文章を構成している語句がいくら平易でも、説明不足の文章は理解をさまたげる。人はよく自分にわかっていることは相手にも明快だと思うが大間違いで、自分に独特の考えというものを相手に通じさせるためには、ある程度の努力をしなければならない。『吾輩は猫である』の中で、苦沙弥《くしゃみ》先生が、客に来ている暇人の迷亭に向かって、

「先達《せんだつ》てミュッセの脚本を読んだら其《その》うちの人物が羅馬《ローマ》の詩人を引用して、こんなことを言って居た。——羽より軽いものは塵《ちり》である。塵より軽いものは風である。風より軽いものは女である。女より軽いものは無である。——よく穿《うが》ってるだろう。女なんか仕方がない」

と気焔《きえん》を上げるところがある。それをわきで苦沙弥夫人が聞いていたから、承知し

ない。

「女の軽いのがいけないとおっしゃるけれども、男の重いんだって好《よ》いことはないでしょう」

とからんできた。これは苦沙弥氏には通じない。

「重いた、どんなことだ」

ここで迷亭を前にして、夫妻の間で議論が始まる。

「重いというな重いことですわ、あなたのようなのです」

「おれがなんで重い」

「重いじゃありませんか」

苦沙弥夫人の言うことの趣旨は、我々には日頃の猫君の言葉から察しがつかないわけではないが、それは別問題で、ここは説明が足りなかったようだ。

同じ、『吾輩は猫である』の中で、今度は苦沙弥家に、鈴木《すずき》の藤《とう》さんという昔の友人がたずねてくるところがあるが、近所の金田《かねだ》成金の娘が水島寒月《みずしまかんげつ》君にほれているということを報告する条で、その藤さんはこう言う。

「令嬢の方でもたしかに意があるんだよ。何でも時々は、寒月君の悪口を言う事もあるそうだがね」

これがまた苦沙弥先生には通じない。苦沙弥先生はまともだから、

「けしからん奴だ、悪口を言うなんて。第一それじゃ、寒月に意がないんじゃないか」

と憤慨する。藤さんは困って、

「そこがさ、世の中は妙なもので、自分の好いている人の悪口なぞは、ことさらに言って見ることもあるからね」

とやってみるが、苦沙弥先生はますますだめで、

「そんなばかな奴がどこの国にいるものか」

とけんもほろろである。確かに、

「その人を憎めば悪口を言う。悪口を言うのは愛していない証拠である」

と解すれば、苦沙弥先生のように考えるのも当然である。藤さんは、相手を見て表現を変えるべきだった。説明がめんどうになりそうだったら初めに、「寒月君のうわさをしきりにするそうだからね」とでも言うべきだった。

例を挙げて説明することの効果

文章や話をわかりやすくするために例を入れよとは、誰もが言うことである。

前述した国語学者の永野賢氏の文章は、平易な中に滋味があることで有名だが、特に説明の中に適切な例を挙げる点では、多くの学者の追随を許さないものがある。

「客観的には同じ『聞き手（または読み手）』でも、言語行動の主体としての『自分』にとっては、ちがったものとして意識されることがある。自分の意識に反映した聞き手が『相手』である」

と書かれると、読者は何やら難しい議論が始まったなどとマユをひそめて読む。とその次に、

「たとえば、次のような例について考えてみよう」

とあって、こう続く。

「ある日、わたしが所用のため、ある役所へ行ったとき、廊下の階段のところで突然声をかけられた。

『もしもし、失礼ですが、永野君ではございませんか』

振りかえると、高等学校時代に寮生活をともにした旧友のMであった。

『おお、Mか』

『ああ、やっぱり永野だったか。ごりっとショウシャになったな。人ちがいだといかんと思って、失礼ですが、永野君じゃありませんか、なんて言ってしまって、ハハハ

ハ。その後元気かい』

『うん、ありがとう。君はどうだい』

『うん、まあ、大いに活躍してるよ』」

　こういう例を挙げて、次のように説明する。

「このばあい、聞き手であるわたしという人間は、客観的存在としては変わらないにもかかわらず、Mによってことばの使い分けが行われていることに注意しなければならない。Mは、最初、人ちがいをおもんぱかって、丁寧な敬語を交じえたことばづかいをしたわけであるが、わたしを旧友であると確認するや、いきなり、往時の親しいことばづかいに急転し、学校時代の通語を交じえて話しかけてきたのである」

　ここまで読んでくると、前に難しいと思ったことの意味がはっきりしてくる。そこで氏のまとめ、

「前者が『相手』であり、後者が『聞き手』である」

という結論が実にこころよく読者の頭におさまるという次第である。

　今でも思うことだが、戦後日本のベストセラーの一つであるルース＝ベネディクトの『菊と刀』は、従来、日本人が気づいていなかった日本人の非近代性を論じているが、論証に使われている具体的な例が見事なので、説得力がきわめて大きい。だから

多くの読者を得たと言えよう。

相手に話を飲み込ませる機転

なお、説明にはいろいろ方法があるが、抽象的な言葉を長々連ねるよりも、前に述べたように相手の親しいもので、それに似たものを考え出し、あれのようなものだと言うのが一番いいことがある。

渋沢秀雄《しぶさわひでお》氏から聞いた話であるが、渋沢氏があるとき、日本へ来たばかりの外国人を案内して歌舞伎へ行ったところが、出し物がちょうど「勧進帳」であった。外国人は、例によって、あすこにいる人間は何者だ、手に持っているものは何だ、といちいちたずねる。「山伏」と言っても通ぜず、「勧進帳」というものも説明しにくい。そこで渋沢氏は思いついて、「これは昔パスポートなしで税関を通りぬけようとしている話だ」と言ったところ、外国人は「オー・アイ・シー」と、にっこり笑い、以後いっさい質問もしないで興味深げに舞台を見ていたという。こういう場合、渋沢氏が「源《みなもとの》義経《よしつね》が兄頼朝《よりとも》にうとまれて……」とそもそもから説明を始めたら時間もかかろうし、そうしたところでその説明は相手には複雑すぎて通じにくかったに違いない。

日本を代表するジャーナリストの大宅《おおや》壮一《そういち》氏は、「駅弁大学」「クチコミ」「恐妻」

など、氏が造った言葉を見てもわかるように、読者に親しいもので説明する名手であった。そして氏は、日常の会話でもそういううまい例が口をついて出てくる人であった。いつか、新潮社で「日本文化シリーズ」という叢書《そうしょ》を企画したことがあり、最初に執筆の足並みをそろえる必要から、一日、社では何十人という執筆予定者を執筆の打ち合わせのために一堂に招集した。

まず、編集部の人がその企画の趣旨を説明したが、集まった人たちの中には、なかなかすらっと飲み込めない人がいる。編集部では、今度、執筆者の人たちにさしあたり適当と思われる題を課したが、今度の企画は、従来の講座とは違い、執筆者たちは銘々日本文化に関係して自分の得意とするものを書いてよろしい、課した題は、本当の参考程度にしてほしい、というのであった。しかし、執筆者の中には、従来の講座と同じように全体が組織的にならなければいけないのかと考えて、課せられた題にこだわり、何やかやと質問する人がたえなかった。

大宅氏はしばらく黙って成り行きを見守っていたが、そのとき口を開き、

「つまり、デパートではなくて名店街のようなものにしたい言うんやね」

と念を押した。この言葉は企画者が千言万句を費やして言おうとしたことを、一言でスカッと言ってのけたもので、執筆者一同も、これによってその趣旨を飲み込むこ

とができ、おかげで後の会議はスムースに運んだが、とにかく混乱を救った適切な表現であった。

間違ってもしかたない話

人に誤解を与えやすい言葉

ところでごく一般的に使われている言葉でありながら意外とよくわかっていない言葉もあって、しばしば円滑なコミュニケーションをさまたげる。

今思い出してもおかしい話がある。昔私が出がけに、家族のものに振替用紙を渡し、「これを郵便局に持っていって所定の事柄を書き込んでお金を払い込め」と頼んでおいた。帰宅してみると、まだ郵便局へ行かないという。あれほど頼んだのにどうしたんだ、となじると、「あんな難しいことは、私にはとてもできない」との答えである。

聞けば「アラビアの数字で書けと言われても、そんなのわからないわよ」とふくれている。見ると、なるほど「金額は必ずアラビア数字で書くように」との注意書きがある。これはこう書けばいいんじゃないか、と356というように書いて見せたら、

「それは日本の数字じゃありませんか」と逆に言われた。ここはどうも振替用紙の注意書きの方が悪いようだ。注意は、三五六と書いてはいけない、３５６と書けという意味であろうが、振替用紙に三五六と書くような人には「アラビア数字」という言葉はわかるはずがない。ここは「金額は１２３４……というような数字でお書きください」とすべきところだった。

川の「右岸」「左岸」という言葉は、元来川上に立って川下の方を眺めた場合、右の方、左の方という意味ではっきりした意味の言葉であるが、一般には川の上の方から見るのか下から見るのかわかりにくいから避けた方が無難である。「ご兄弟は何人ですか」という質問は、答える側で本人を入れて数えるのか、入れないで数えるのか迷う。「ご家族は何人ですか」と問われた場合、戸主だと自分をはずして答え、戸主以外の人だと自分も含めた数を答えるのが普通のようであるが、「兄弟」「家族」という言葉の使い方も案外不明確だ。

ある週刊誌の記事によると、以前と違い、神社で売っている「お守り袋」には、いちいち「お守り入り袋」と書いてある。どうしたのかと思ったら、ただ「お守り袋」と書いておくと、今の若い人は袋そのものがお守りだと思い「中に入っているのは何ですか?」とたずねるのでわずらわしさにたえかねて、こう書くようにしたという話である。「お守り袋」という言葉も一部の人の言葉になりつつあるのであろうか。

実は不明解な「今」や「すぐ」

語句の中には、以上に挙げた語句のほかに、意味が本質的に一定していない語句というものがある。

私の次男がまだ小さかった頃は、電話に興味があるらしく、私が外出先から家に電話をかけて、夕方おそくなることを通知しようとすると、よく真っ先に電話口へ出てくることがあった。私としては、今電話で子供と話すことは別にないわけであるが、せっかく電話にまで出てきたので、「ヒデホかい、今おまえ何をしている?」と聞いてやる。と、その答えがふるっていた。いわく「今、ボク、電話をかけているんだよ」。これは「今」という言葉が漠然としているためにおこった誤解である。

昔、佐々《ささ》醒雪《せいせつ》氏の『修辞学』の本にあったが、電報で「スグカエレ」などと打つと、一体これは、万事を捨てておいて帰宅せよの意味か、それとも後片づけをしたりする多少の余裕を持って帰ってもいい、の意味かわからないということだった。「すぐ」も不明確な言葉である。

代名詞そのほか指示に用いられる語は一般にそうで、非常識な男は電話口で、「ああ、ボクです」と言うが、さっぱり相手には見当がつかないことがある。気のきかない人間に隣の部屋から、「これ捨ててもいい?」と言われた場合も、いちいちドアをあけてのぞかなければならず、不便である。

野球の試合の案内などに「小雨《こさめ》決行」としておくと、本当に小雨が降ったときに、これは「小雨」であるか、それとも「大雨」でないまでも「中雨」であるかわからなくて、混乱を招くことがある。

汚職事件とお食事券

わかりにくい語句のうちに同音語がある。写真屋で客が「写真をとりにきました」というと、写してもらいにきた意味にもなるし、この前写した写真をもらいにきた意味にもなる。西行の和歌の、

心なき身にもあはれは知られけり鴫《しぎ》立《た》つ沢の秋の夕暮

は三夕《さんせき》歌の一つとされる名歌だというが、ここの「鴫立つ」には「鴫が立っている」というのと「鴫がとび立った」というのと二様の解釈があると聞く。

いつか『民俗学辞典』でツキモノのことを調べたが、書いてあることがどうもはっきりしない。それは、霊力あるモノがツクという語句が、「ある特定の家もしくは家人に永続的に付属する」という場合と、「そういう家人に一時的に乗り移って一種の精神病的症状をおこさせる」というのと二つの意味に使われているせいだった。

同音語の中で不都合なのは非常に誤解されやすい使われ方をするときである。

汚職事件が毎日の新聞をにぎわしていた頃、ある会場で「オショクジケンの方は受付へおいでください」と放送が流れてきた。汚職事件に関係のあるものは受付へ来いというものかと思ったが、このオショクジケンは「お食事券」だったそうだ。

薬のコマーシャルで「お小さい方のためにはトーイジョーを召し上がりください」と言われると、子供は一〇以上飲むのか、じゃあ大人はどのくらい飲むのだろうか、と疑問に思うが、これは「糖衣錠」の意味だったりする。

日本初の日米野球の例を前で述べたが、電報の読み違えの話は多い。明治初年におこった西南事件は、中央政府が鹿児島地方を視察して回っていた人間にシサツヲトケタラハヤクカエレ（視察を遂げたら早く帰れ）と電文を打ったところ、それを西郷側の人が「刺殺を遂げたら……」と誤解し、それがたねで勃発《ぼっぱつ》したのだという説がある。

2　おもしろくて役に立つ文法の話

「全然おかしい」おかしな表現

大学を卒業し、会社に入った若者が一番まごつくのは言葉遣いだろう。学生時代のような言葉では通用しないからだ。

最近は特に言葉の変化が激しく、私などはテレビを見ていてもほとんど理解不能である。「チョーかわいい！」「マジで？」などという表現はあまり好きになれないが、おもしろいと思う表現もある。ちょっと洒落《しゃれ》た店のことを「こじゃれたお店」と若い人は言うらしい。これは「小手をかざす」を「ちょっと手をかざす」、「小腹がすく」を「ちょっとおなかがすく」という意味に使うのと同じで、なかなかいきな表現である。

私が少し気になるのは「全然素敵だ」とか「全然いいね」というように、「全然」

が肯定に使われる言い方である。「全然」というのは本来、否定の言い回しに先立って使われるもの。ほかにも「けっして」とか「ちっとも」といった「前ぶれの副詞」と言われるものがいくつかある。

なぜこういう副詞が生まれたかというと、それは日本語の語順に原因がある。ちょっと難しい文法の話になるが、我慢して読んでいただきたい。日本語では主語の後にすぐ述語が来ることが少なく、一番最後に来ることが多い。例えば「私は昨日学校に行ったら、宿題を忘れて先生にすごく怒られた夢を見たの」。最後まで聞いて初めて、ああ、夢の話だったのかとガッカリする。そんな経験がおありだろう。

今ではこうした言い方はされなくなったが、昔は駅のホームで電車を待っていると、次のようなアナウンスが流れた。「新潟行きの急行がまいります。この列車は途中、赤羽《あかばね》、大宮《おおみや》、熊谷《くまがや》、高崎《たかさき》、渋川《しぶかわ》、沼田《ぬまた》……」。ホームにいる人はこれを耳にしながら、一体このたくさんの駅名がどういうことになるのかと不安に思いながら聞いている。と最後に「……長岡《ながおか》、新津《にいつ》以外には停車いたしません」と来る。さては途中で停まる駅を言ったのかと気づくが、それではこの中に自分の行きたい駅があったのかどうかさだかではなく、もう一度駅員にたずねなくてはならない。

このように一番肝心な述語が最後に来る、というのは日本語の重大な欠点である、という指摘は昔からあった。そして日本語ではそのような欠点を補うために、前述した「前ぶれの副詞」が生まれたのである。「あいにく」と言っておけば、後で来る表現は否定的であることが予想できるし、「幸いに」と言っておけばこれは大丈夫そうだ、と相手は安心して聞いていられる。「全然」と言ったときは後に来るのは否定の表現であることをほのめかしているわけで、だからこそそれを肯定で結んでしまうと何となく落ち着かないことになるのである。

駅のアナウンスは最近「この電車が停まる駅をお知らせします」と言ってから駅名をアナウンスするように変えている。夢の話も本当は「私、昨日いやな夢を見たの」と言ってから、その話をすればいい。

相手にわかりやすく、簡潔明瞭《めいりょう》に自分の言いたいことを話す。これは新人社員だけでなく、私たち誰もが心しなくてはいけないことである。

なぜ「立ち上げる」ことになったの?

最近「立ち上げる」という言葉をよく耳にする。パソコンの講習会で、先生が「立ち上げましたか」と言ったら、習いにきていたおじさんがあわてて立ち上がったという笑い話がある。私などもその場にいたら、同じことをしたかもしれない。中年以降の年代のものにとっては耳慣れない言葉である。

辞書を引くと「立ち上げる」は、「起動のための操作をし、機械やシステムを稼働する」とある。辞書に載っているくらいだから、もう市民権を得たのだろうが、どうも耳障りである。

最近は「問い合わせのための電話センターを立ち上げました」などと、パソコン以外の話でも使われるようになった。従来の言い方ならば、単に「センターを設立しました」と言えばすむはずである。

もともと「立ち上がる」という自動詞の言葉はあった。しかし他動詞としての用法はなく、他動詞として使いたいときは「立ち上がらせる」と言った。「母親が子供の手を取って、立ち上がらせた」というように使ったのである。

「○○上げる」という言葉がほかに例があるかというと、「縫い上げる」「育て上げる」というような言葉を思いつく。いずれも苦労して手間ひまかけた、という意味合いが込められている。

それと同じで「立ち上げる」という言葉には、立つという簡単な意味の言葉を大げさに、偉そうに表現しているような気がしてならない。たかだかパソコンのスイッチを入れて動かしたぐらいで、そんな大げさな言い方をしなくても、と思ってしまう。

元来日本人は、他動詞より自動詞を好むクセがあった。例えば亭主が家に帰って、奥さんがお風呂《ふろ》の支度を終えると、「お湯が沸きました」と言う。しかし、自然にお風呂の水がお湯になるわけはない。昔のことだったら、まず水を汲《く》んで風呂桶《おけ》に満たし、たきつけに火をつけ、薪をくべて、湯加減を見るなど大変な思いをしたはずである。

あるいは、奥さんが「お茶が入りました」と言う。これも奥さんがお湯を沸かし、お茶の葉を頃合いの分量に量って入れ、茶碗《ちゃわん》を用意して、初めてお茶が出てくる。しかし、まるで天から雨が降ってきたのと同じような言い方で、さりげなく「お茶が入りました」と言う。亭主はふんぞり返って「うん」と言っていればいい。奥さんは自分のやったことをいちいち大げさに言い立てない。相手に恩着せがましい言い方は避ける。なるべくさりげなく言うのがよしとされたのである。

これは別に夫婦の関係が封建的な主従関係だったからというわけではなく、誰に対してもそうした言い方をするのを好んだ。逆に、いちいちあれもやった、これもやったと言い立てる人は、野暮だと言われ、みんなから敬遠されたものである。

日本人というのは、元来そうした遠慮深い精神構造の持ち主だったはずである。だから、この「立ち上げる」という言葉を聞くと耳障りな感じがするのかもしれない。今後もこうした言い方が増えるのだろうか、と思うと老人は少しゆううつになる。

日本人が自動詞を好む理由

文法の話というと、それだけは勘弁してくれ、という方も多いだろう。前で、「全然おかしい」「立ち上げる」といった文法から見るとおかしな変化について触れた。しかしこうして見ると私たちが何気なく使っている言葉遣いにも、いろいろな決まりごとがあるということがわかる。そういうことを知ると日本語に対する興味も深まるのではないだろうか、という私の勝手な思い込みのもとに、動詞の話を少しさせていただきたい。

動詞には、自動詞と他動詞という二つの種類があることはご存じだろう。辞書で動詞の言葉を引くと、必ず（自）とか（他）とか分類がしてある。例えば「入る」といえば自動詞、「入れる」といえば他動詞になる。「お茶が入りました」といえば自動詞的な言い方、「お茶を入れました」といえば他動詞的な言い方になる。一般に「水を飲む」とか「ピアノを弾く」など、「を」を受ける動詞は他動詞だと言われる。

ところが全部がそうだとは限らないところが日本語の厄介なところだ。「家を出る」「道を歩く」など場所や通過を表す動詞は、「を」に続いても他動詞とは言わないのである。これは「道が歩かれる」とか「家が出られる」といった受け身の形がないからだ。そこへいくと「犬が足にかみつく」「歌手にほれる」の「かみつく」「ほれる」は「かみつかれる」「ほれられる」のような受け身の形がちゃんとあるので「に」という助詞を受けても、他動詞ということになる。

「親に死なれる」「先に行かれる」という言い方をする。「死ぬ」「行く」は共に自動詞だが、自動詞なのに受動的な表現をすることがあるのである。この場合は、他人がこのような動作をしたことで、結果的に自分が悲しい思いをする、被害を受ける、というような意味に使われる。直接他人を非難するのではなく、間接的に表現しているのだ。このような言い方はいかにも日本的である。

他動詞と自動詞を比べた場合、日本語には圧倒的に自動詞が多い。英語では「彼は妻を持っている」と言うが、日本語なら「あの人には奥さんがいる」の方が普通な言い方だ。「私は子供を愛する」と英語では言うが、日本人なら「私は子供がかわいい」という形容詞の表現になる。

「私の贈り物は彼を喜ばせた」というような言い方はいかにも英語的な表現で、日本語なら「贈り物を見て彼はとても喜んだ」と言うだろう。「喜ばせる」「驚かす」などの動詞はいかにも欧米人の好みそうな他動詞と言えそうだ。逆に日本語に自動詞が多いのは、やはり自分の行動をことさらに言い立てたくないという、日本人の精神性から来ていると見ていいだろう。

おもしろいのは自然現象では、自動詞で表現すべきところを、他動詞を使うことだ。「夜が明ける」は本当は「夜が明く」でなくてはならない。「風が吹き下ろす」「波が寄せる」「潮が引く」など、枚挙にいとまがない。これはあたかも大自然にも意志があるかのように日本人は感じたからだろうか。

また「馬に乗って……する」という動作の意味を、他動詞の言い方で表現することもある。「引っ返す」「攻め寄せる」といった例で、これは本来馬に「引っ返させる」「攻め寄せさせる」と言わなくてはいけない。まさに人馬一体となるからこそ、自分の気持ちが馬と一緒になってこうした言い方になったようだ。

最後に自動詞にも二種類あるという話をしておこう。「降りる」は意志を持って上から下に動くことで「意志動詞」、「落ちる」は自然の力で本人の意志とは無関係に下に動くことで「無意志動詞」という。しかし東北地方では、これが一緒になってしまっているところがある。昔、駅のホームで電車の到着を待っていたら「落ちた人がシンデから（すんでからを東北弁でなまって言ったもの）乗ってください」とアナウンスされ、びっくりしたという笑い話がある。

また、九州や四国では「捨てる」を「なくする」のような無意志動詞としても使うことがある。「お金をなくしました」と言うところを、「お金を捨てました」などということもあっさり言ったりするのでおかしい。もっともかくいう私も自慢じゃないが、そそっかしいせいか今まで財布を落としたことは数知れずある。「落ちる」は無意志動詞だが、「落とす」は意志動詞。だからやはりお金を捨てたことになるのかもしれない。人のことは笑えないのである。

日本語の「が」は、一番自慢できる助詞

どっちがどっちを愛しているか一目瞭然

文法の中で、日本語の特筆すべき点を挙げてみたい。それは「が」の存在である。

日本語の文法は規則的であるという、この代表的な例は助詞の使い方だ。例えば、名詞につく助詞。「山」とか「川」とかいう名詞にいろいろ助詞がつく。ガ、ヲ、ニ、ト、デ、ヘ、ヨリ、カラといろいろあるが、こういったものは大変規則的で、つまり、ガは主語を表すとすると、「山」という単語にも「川」という単語にも「人」にも「イヌ」にも、同じように規則的につく。これが日本語のすばらしい点である。

日本語では一つの名詞と、その次に来る動詞の関係を、このような助詞で表すわけだが、これがヨーロッパの言語では、多くは名詞の格変化で表す。目的格であるとか、所有格であるとか、いろいろ変化するが、それがなかなか規則的にはいかない。

ラテン語などというものは、複雑な格変化をするが、そういう変化をするからと言って、意味の違いがはっきりしているかと思うと、そうでもない。例えばラテン語で Pateres consules amant. というのは、「親たちが役人を愛する」という意味にも解され、「親たちを役人が愛する」という意味にも解されるそうだ。つまり、「親たち」とか「役人」という言葉は、「親たちが」というときと「親たちを」というときとで、形が変わらない、「役人が」と「役人を」も同じ形なのだ。もしこれが「親たちが子どもたちを愛する」と「子どもたちが親たちを愛する」とならば、格変化が明らかに変わるので意味がわかるが、「親たち」と「役人」のときはあいにく変わらない。日本語ではこういう点は大変明確で、「親たちが役人を愛する」、これを順序を変えて「役人を親たちが愛する」と言っても、どっちがどっちを愛するか明瞭である。

この点は、日本語には、「が」とか「を」とかいう助詞があるということは大きくモノを言っている。ヨーロッパではスペイン語には珍しく「を」にあたる前置詞があって大変重宝であるが、一般のヨーロッパ語ではそういったものがないということだ。これが、日本語と同じ系統と言われる朝鮮語とか、あるいは、モンゴル語、トルコ語には一律にヲとかトという助詞がある。

しかし、助詞の中で日本語で一番自慢できるのは「が」だ。主格を表す「が」を持っている言語というのは、ちょっとない。モンゴル語にもトルコ語にもない。よく、ビルマ語やレプチャ語には主語を表す助詞がある、と聞くが調べてみると、どうも「が」ではなくて「は」にあたる助詞があるらしい。「は」ならばモンゴル語にもトルコ語にもある。「が」を持っている言語というのは、日本語のほかに、朝鮮語ぐらいではないだろうか。

朝鮮語では、例えば「春」というのを pom と言うが、「春が」というのは pom-i と言う。「船」は pe と言うが、「船が」というときには pe-ga と言って、ちょうど日本語の「が」と同じような助詞を使う。両方ともガだから、よく、これが、日本語、朝鮮語の同系を表していると言われるが、それは別にして、この「が」にあたる言葉はほかの言語にはなさそうだ。

ドイツ語などの ein Hund とか der Hund とかいう言葉は、「イヌが」にあたるのだと言う。確かに Ein Hund schläft. と言うと「イヌが眠っている」になるが、しかし Es ist ein Hund. と言うと「それはイヌである」ということになるから Hund だけでは「イヌが」ではなく「イヌ」である。つまり、Ein Hund schläft. というのは、「イヌ」と言ってから「それが眠っている」と言っているのだろう。日本でも平安朝時代には、「が」という助詞がなくて、「イヌ眠る」というふうに言ったものだが、ドイツ語のこの言い方は平安朝の日本語と変わっていないと言える。

「が」と「は」はこんなに使い方が違う

日本語の助詞については、よく欧米語を話す人から言われるのが、「が」と「は」の区別があって難しい——区別があるというよりも、主語を表す同じ用法に「が」と「は」を使い分ける、これは大変難しいと言う。これは実は両方とも主語を表すというのは不正確で、主語を表すと言えるのは「が」の方なのだ。

「イヌが眠っている」

「イヌは眠っている」

「イヌが眠っている」というのは、何が眠っているかと言えば、それは「イヌ」であるということだ。「イヌは眠っている」という方は「イヌというものについていうと」という意味で、話題を指す言葉である。「は」がつくのは主語とは限らない。例えば、川柳に「大仏は見るものにして尊まず」というのがある。大仏に対して見るものにして尊ばないのは一般の人間がそうするのである。大仏は主格ではなく、目的格だ。「大仏についてはどうするかというと」というのが「大仏は」の意味である。目的格のものに対して「は」を使うことからややこしくなる。

話をするとき、相手もその状況をよく理解しているときは、「は」を使う。

「今日はいいお天気ですね」「ここは静岡県です」

というような「今日」「ここ」にはしたがって「は」がつくことが多い。「私は暑がりです」とか「あなたは暑くありませんか」と言うのも、「私」というのは相手から見えるし、「あなた」というのも相手自身のことだから「は」をつける。

一方、相手の頭に浮かんでいないことには「は」を使うわけにはいかない。例えば、二人で道端を歩いていて、そのときに鳥がいたとする。その際、相手はまだそれに気づいていないような場合には、「あそこに鳥がいる」のように「が」を使う。しかし、相手にも鳥のことがわかった後は「は」を使って、「あの鳥はセキセイインコだ」とか、あるいは「あの鳥はどこかの家で逃がしたんだ」と言えるわけだ。

これはちょうど英語で言うと、初めには There is a bird. と言って、名詞に不定冠詞の a をつける。次には The bird is a parakeet. と言って、今度は定冠詞の the を使う。つまり、英語ではこの二つの使い分けが難しいとよく言われるが、日本語にもそれと同じような使い分けをする「が」と「は」とがある、ということになる。

だから、子供にお話をするような場合にも、一番初めは「が」を使う。「昔むかし、あるところに一匹のキツネがおりました」と。キツネが子供の頭に入ったなと思えば、次は「そのキツネは大変賢いキツネでした」となる。

もっとも、大人相手の小説だとこうはいかない。例えば、芥川龍之介《あくたがわりゅうのすけ》の名作『秋』は、「信子は女子大学にいた時から、才媛《さいえん》の名声を担っていた」という書き出しで始まっている。もしふだんの会話なら、いきなりこんな言い方をしない。「ぼくの知っている女に信子っていうのがいるんだが」と言って、「が」を使う。そうして「その信子は女子大へ……」となるはずである。小説は極力きりつめた言い方をするので、こういうことになる。

柳田國男先生は、大変な名文家でらしたが、ただ、あの方の文章はちょっとわかりにくい。どうしてわかりにくいかというと、こういう特色があるからだ。

柳田先生の文章では「は」という字が大変後に来る。『昔話と文学』という単行本の文章の冒頭は、「去《い》んぬる七月二十四日の夕べ、富士山の頂上から〝霊山と神話〟という題で私の放送したのは……」と始まり、こんなところに「は」が来る。普通の人だったら、こうは言わない。「私は」とまず言い出し「去んぬる七月二十四日の夕べ」というふうにいく。それから「……という題で放送したが、その話は……」となるはずだ。「は」が後の方に来る文章というのはわかりにくいということを覚えておいてほしい。

第3章

「話せばわかる」日本人の本音

日本人の「はい」と「いいえ」

会話で「ねェ」や「だわ」を使う意味

聖徳太子は憲法十七条の第一条で「和ヲ以《もつ》テ貴シト為ス」と言われた。日本人は和を大切にする。会話をしながらもおたがいに気持ちが一致していることを喜ぶ。アメリカの人などは、「……だねェ」「……ですねェ」と盛んに日本人は「ねェ」をつけるが、あれは一体どういう意味なんだ、と質問する。日本人は一般に「ねェ」に限らず、「いいお天気だよ」とか「いいお天気だわ」と言って、盛んに「よ」とか「わ」とかいう助詞をつけて会話をかわしている。

それらには微妙な違いがあって、「……よ」というのは相手の知らないことを伝える。例えば、相手はまだ床にいる。そのとき先におきて外のようすを見た人は、「今日はいいお天気だよ」と「よ」を使って教える。

「いいお天気だわ」というのは軽い感動。もしこれを「だわ」と後を上げると、女らしい、相手に訴えるという気持ちが表れる。

それに対して、「いいお天気だねェ」というのは、自分は相手と同じ気持ちだ、ということの確かめで、共感を求める意味で使う言葉だ。「ねぇ」を多く使うということは、日本人が始終相手と同じ気持ちでいることを、絶えず確かめ合いながら会話をしていることになる。

また、日本語には、相手に対する賛同の意を表す言葉がある。代表的なものが「なるほど」という言葉だ。

漱石の『吾輩は猫である』の中に、鈴木の藤さんという人が出てくる。この人は、苦沙弥先生のあまり好きでない金田という実業家に盛んにゴマをすっているが、そのゴマをすっている最中にこういう言葉を使う。「なるほど、あの男（苦沙弥先生）が水島さん（寒月という若い理学士）を教えたことがございますので――なるほど、よい思いつきで――なるほど」というふうで「なるほど」という言葉を三度も繰り返して言っている。これは言われる方としては少々くすぐったい気持ちのはずだが、一向、相手は気にせずいい気分で聞いている。

あいづちを期待する習性

国語学者の水谷修《みずたにおさむ》氏の『日本語の生態』という本の中に出てくるが、日本人と外国人が電話で話をしているのをわきから聞くとこんなふうだ、と言っている。

日本人が「もしもし」と言うと、外国人が「もしもし」と受ける。日本人が「ええ、こちら、あのぅ、山本ですが」と言うと、相手が黙っている。と、日本人は心配になって、また「もしもし」と言う。外国人が「はい」と受ける。日本人が「こちら、山本ですが、ジョンソンさんは……」。外国人が黙っていると、日本人はまた不安になって「もしもし」から始めるので、なかなか話が進展しない、とある。日本人は絶えず相手に何か応答してもらいたい、相手があいづちを打つことをいかに期待しているか、ということをよく表していると思う。

『東海道中膝栗毛《とうかいどうちゅうひざくりげ》』で、弥次郎兵衛《やじろべえ》、喜多八《きたはち》のコンビが、東海道を歩いて京都の方へ上っていくが、ただ歩いていてはおもしろくないというわけで、二人が相談して、主人とお伴の役を演じようではないかということになる。

弥次郎兵衛が年上だから主人の役になる。そこでどういぅ会話が始まるかと言うと、喜多八が「もし、旦那《だんな》ぇ」と言うと、弥次郎兵衛が「なんだ」と答える。喜多八が「暖かでございます」と言うと、弥次郎兵衛が「おおさ、風も凪《な》いで暖かだ」と言う。そうすると、喜多八が「さようでございます」と受ける。この場合、暖かだというのは、元来、喜多八が初めに言った言葉だから、別に、弥次郎兵衛が同じようなことを言っても「さようでございます」と受けなくてもよさそうなもので、「それは私の方が先に申しました」と言いたくなるところだが、けっしてそういうことは言わない。ひたすら相手の言うことを受けて賛成している。いかにもこれは日本人の主従らしい会話だと思う。

「はい」が「イエス」でないわけ

日本人の質問に対する返事のしかたが英語などと違う、ということがよく問題になる。

日本語では質問を受けたときの答えに「はい」と「いいえ」の二種類があって、これは英語のイエスとノーに似ているが、違う点がある。英語の yes と no にはそんなことはないけれど、日本語では「はい」の方が好ましい言葉であり、「いいえ」の方は好ましくない言葉だという違いがある。どうしてかと言うと、英語の yes と no は、ただそのセンテンスが肯定の意味であるか、否定の意味であるかの違いだが、日本語の「はい」の方は、あなたのお考えは正しいですという意味があり、「いいえ」の方はあなたのお考えは違います、という意味になる。そのために日本語では「いいえ」という言葉は、使いにくいのである。

例えば人から「コーヒーをお飲みになりませんか」と言われた場合に、「いいえ、私は眠れなくなるといけませんから飲みません」とは言いにくい。そういうことを言うと、何か相手につっかかっているような印象を与える。だから、コーヒーを飲みたくなくても「はい、ありがとうございます」と言って、それから「しかし、ちょっと私は眠れなくなるたちなものですから……」と言っておもむろに断る。これが日本人らしい言い方である。

小泉八雲《こいずみやくも》の「乙吉のダルマ」という短編の中に、乙吉という魚屋の主人公が出てくるが、八雲は、その主人公を「どんなときでも一往 yes と言ってから答える」とおもしろそうに書いている。おそらく、乙吉さんは典型的な日本人かたぎの人で、もし、小泉八雲が「あなたは東京へ行ったことがあるかね」とたずねたとしたら、行ったことがなくても「へえ、てめえども、一回は行きてえと思っておりやすが、何分行かれませんで」と言うような返事をしているのだろう。

水谷氏によると、日本人がふだんの会話で「いいえ」と言うのは、二つの場合ぐらいしかないそうだ。一つは、へりくだりの場合、例えば「あなたは英語がよくおできになりますね」と言うと、「いいえ、とんでもない。私など……」と、このときははっきり「いいえ」と言う。もう一つは、相手を励ましたり慰めたりする場合。相手が「私はやっぱりダメな女なのね」とでも言うと「いいえ、あなたは本当は力があるんですよ」と、こういう場合には力強く「いいえ」という言葉を使うが、ふだんはなかなか「いいえ」とは言いにくいという。いかにも日本人らしい考え方だと思う。

このために、私たちは、英語などの yes と no の使い分けが難しい。例えば、向こうの人から Do you mind opening the window?（窓を開けてもいいか）と言われると、窓を開けてもいい、と言うときには、つい、私などは Yes. と言いたくなるが、Yes. ではいけない。mind（気にかける）の反対だから No. と言わなければいけない。それをやっと覚えたとしても、今度また相手が念を押して No? と聞いてくると、つい私など Yes. と返事をしてしまう。これでは相手を混乱させてしまう。

一方、日本語も向こうの人にすればなかなか難しいことがある。例えば「行きませんか」「行かないんですか」――よく似た言い方だが、答え方が違う。自分が行く意志を表す場合どう答えるか。「行きませんか」と聞かれた場合には「はい」を使って「ええ、行きましょう」と言う。しかし「行かないんですか」とたずねられた場合に、「いいえ、行くんです」と答えることになっている。なぜかと言うと、「行きませんか」と聞く人は、こちらが行くと思って誘っている。つまり「行きましょう」と同じ意味だから、「ええ、行きましょう」となるが、「行かないんですか」という方は、相手はこちらが行かないと察して聞いている。そう解釈するから「いいえ、行くんです」と答えなければいけない。

日本語のような「はい」と「いいえ」は英語と反対である、ということになるが、これが、ほかの国ではどうなっているかと言うと、朝鮮語、中国語あたりは「はい」と「いいえ」が日本と同じである。ヨーロッパの諸言語では、大体英語と同じだが、ただしその中にあってロシア語は日本語と同じようになっているそうだ。これはやはりアジアに近いところの言語だからだろうか、おもしろいことだ。

「いただきます」という言葉のある国

次に、日本語では恩に着て感謝する表現が多い。「してくださる」という言い方を多く使う。「ちょってくれ」という場合に、英語では Wait a moment! これをこのまま訳したら「ちょっと待て」。もし、相手に対する敬意を加えるなら「ちょっとお待ちなさい」だが、この言い方では、相手はいくら敬意を表されても威張られているような感じがしてこころよくない。これは「ちょっとお待ちください」と言って、相手が待つことによってこちらは恩恵を受けることを表すのがいい。

ここでおもしろいのは、「ちょっとお待ちなさい」はダメだが「ちょっと待って」ならばまだいいということだ。「ちょっと待って」には敬意が全然込もっていないのになぜいいのかと言うと、その次に「ください」が省かれている感じがある、この「ください」に敬意と感謝の気持ちが含まれているのが感じられるからだ、というためだ。

「していただく」という言い方も、日本人の好きな言い方の一つだ。街を歩いていて、理髪店などによく「本日はこれにて閉店させていただきます」と書いてある。まあ「これにて」と文語を使ったところも礼儀正しい言い方なのだろうが、「させていただきます」――自分が閉店できることは、自分の希望を通すこと、それを許していただくのはありがたいことである、ということを意味しているわけで、いかにも日本語らしい表現の一つである。

ときには「していただく」とか「してくださる」とかが、二重に重なることがある。野口雨情《のぐちうじょう》が作詞してよく歌われた「青い目の人形」という童謡があるが、最後のところで「やさしい日本の嬢ちゃんよ、仲よく遊んでやっとくれ」と言う、「やっとくれ」は、丁寧な言い方ではないが、もしこれを丁寧な表現にすれば「あげてください」となる。「仲よく遊んであげてください」のうちの「あげて」は遊べばその人形が喜ぶであろうということを表す。それから後の「ください」は、お嬢ちゃんが人形と遊ぶと私がありがたい、ということを意味する。つまり、日本のお嬢ちゃんが人形と遊ぶことによって、お人形さんも感謝し自分も感謝する、という意味で、いかにも日本語らしい表現である。

終戦後、アメリカの人たちを日本の家に泊めていろいろ世話した人がいるが、そういう人の話を聞くと、向こうの人は礼儀を知らないと批判する人がある。例えば、食事を出す。と、「いただきます」とも言わないし、「ご馳走《ちそう》さま」とも言わないと。確かに、日本人は、そういう場合に挨拶《あいさつ》するのが普通で「いただきます」と言うのは、ご飯を食べるということ以外に、自分は「ご飯を頂戴《ちょうだい》する」という感謝の意味が込もっていて、やはり日本人らしい表現である。

御免こうむる精神

ところで、日本人は、感謝する以上にあやまるのが好きなようだ。人から好意を受けた場合に「ありがとうございます」とも言うが、「すみませんでした」という言葉を多く使う。バスなどに乗っていて席を譲られた場合、「ありがとうございます」と言ってもよさそうなものだが、「どうもすみません」と言って腰をかける方が多い。それは「自分がここに立っていたためにあなたは立たざるをえない、申しわけない」という意味で、言われる方は確かにその方が気分がいいかもしれない。

谷崎潤一郎《たにざきじゅんいちろう》の『細雪』をサイデンステッカー氏が英訳された。その中に「失礼でございますけど、相良さんはどちらにお住まいでいらっしゃいますの」というところがある。こういう表現は、英語に訳す場合に非常に苦心するのだそうだ。向こうでは住所を聞くぐらいはちっとも失礼にあたらないから「失礼でございますけれど」は英語に訳せない。そこで、サイデンステッカー氏は May I ask where you live? と訳して、これでピッタリのはずだ、ということを言っておられた。このようなところに、日本人とアメリカ人との気持ちの違いがよく出ている。

本多勝一《ほんだかついち》の『極限の民族』という本の中にこんな話がある。外国人を家へ泊めたところがその家のストーブがこわれてしまった。その場合に、外国人は「ストーブがこわれました」と言うのだそうだ。日本人としてはどうもおもしろくない。日本人ならば「ストーブをこわしました」と言う。そうすると、泊めてあげた家の人も「いいえ、そのストーブはもともと……」と言ってそれを弁護する。これが日本人らしい言い方である。外国へ行って自動車事故をおこしたとする。そうした場合に、あやまると損をする、あやまると自分が悪いことを認めることになるからだということだが、どうもあまりいい習慣ではないように思う。

落語に『垂乳根《たらちね》』というのがある。八つぁんという人のところへ思いがけなく、お屋敷に奉公していた鶴という娘さんがお嫁に来る。一晩たった翌日のこと、この鶴という女性が「一旦偕老同穴《いったんかいろうどうけつ》の契りを結ぶうえは、百年千年も経るとも、君、心を変ずることなかれ」と大変難しい言葉で挨拶をする。八つぁん、ちっとも言ってる意味がわからない。そこで何と言うかというと、「ええ、何だか知らねえが、お気にさわることがあったらご勘弁願います」と答える。あやまりさえすればいいという気持ちがよく表れている。

人の家を訪問する場合に「ごめんください」と言って入っていくが、これも陳謝の表現と言える。相手の平静を邪魔するという気持ちなのだろうか。また相撲の番付表を見ると、まん中に大きく「蒙御免（御免こうむる）」とある。誰にあやまっているかわからないが、こういう場合にもやはりあやまるという日本人の精神が出ていて、おもしろいと思う。

短い話を好む日本人の挨拶がなぜ長い?

ところで日本人の挨拶は大変長いと言われる。

上智大学にいらしたグロータース神父の話だが、方言研究のために秋田県の花輪《はなわ》という町に出かけたことがあるそうだ。ここは、細い町で一本の道の両側に家がある。

そして駅が一番西の端にあるから、町の東の端に家のある人は駅へ行く場合にはまっすぐの道を行けばいい。ちょうど町のまん中あたりに、名物婆さんが住んでいて、そのお婆さんはひまなものだからよく家の前に出て立っている。東の人が途中まで来て、お婆さんが立っているのを見ると、わざわざ見つからないように回り道をして駅の方へ行くという。

これは別にこのお婆さんが悪い人というわけではなく、ただ挨拶が長いのだそうだ。お婆さんにつかまったら最後、去年のお彼岸にはご馳走になった、お盆のときはどうした、から始まって、自分の息子が病気になったときは心配をかけた、孫が転んだときはどうした……と長々と続けて、一〇分や二〇分では放してくれない。かかわっていては汽車に乗りおくれるというわけで、会わないようにするというのだが、いかにも日本人の長ったらしい挨拶を象徴するおもしろいエピソードである。

ＮＨＫで以前編集された『話しことばの魅力』という本の中に、岩井《いわい》弘融《ひろあき》氏が昔のやくざの挨拶の見本を出しておられるが、その長いこと長いこと、「これはご当家《とうや》の上《うえ》さんでござんすか　さっそく　自分より発します　おひかえを願いとう存じます」と言うと、「どうつかまつりまして、自分より発します」と、しばらくおたがいの譲り合いがあり、その本で三ページぐらいえんえんと続いている。

私は昔、軍隊にいたが、そこで例えば編成替えのときの挨拶がやはり長かったものだ。「陸軍歩兵一等兵金田《きんだ》一春彦《いちはるひこ》は、歩兵四九連隊所属のところ……」とかなんとか、長々と口上を述べさせられたものだが、こういった習慣は現代でも行われている。結婚式の披露パーティーのときなどご馳走がさめるのもかまわず長々とスピーチをやり、最後に簡単ですが、と言う人がいる。

挨拶が長い方がいいと考えるのは、元来、話が短い方がいいと考えている日本人の気質から見ると、おもしろいことである。

「おはようございます」は業界用語?

挨拶が大切なことは今さら言うまでもない。では、挨拶の意味をご存じだろうか。日本語には一日を区切って挨拶の言葉を変える習慣がある。午前中は「おはようございます」、午後には「こんにちは」、夕方以降は「こんばんは」という決まりになっている。私たちが朝おきて、最初に家族にかける言葉は「おはよう」。会社でも出勤して同僚や上司に会ったら、やはり「おはようございます」と言うだろう。

問題は、午後に上司とその日初めて会ったときである。このときみなさんは何と挨拶しているだろうか。「こんにちは」というのが一応の決まりにはなっているが何となくおかしい。「こんにちは」というのは親しい間柄なら問題はないが、目上の人に言う挨拶としてはどうもふさわしくない。結局「あ、どうも……」とか何とか口の中でモゴモゴ言うだけになる。

こういう場合、どういう挨拶が一番ふさわしいのだろうか。伊豆《いず》七島の新島《にいじま》あたりでは、野良仕事で午後誰かに会うと「ニシャ、おきただか」と言うそうだ。「あなたはおきたのか」という意味だが、午後になってこの言葉はおかしいという気もする。しかし本当の意味は「あなたは朝早くからおきて、精を出していますね」ということなのである。つまり相手の勤労に対するねぎらいの言葉なのである。だから言われた方も「おうよ！」と答えるのだそうだ。

「おはようございます」という言葉にも、ただお早いですね、という意味だけでなく、「こんなに朝早くからお仕事をしていて頑張っておられますね」という意味が込められているようだ。よくテレビ業界とか夜の商売などの世界で、夕方仲間に会うと「おはようございます」と声をかける。これを聞くと私などは何となく違和感があって、特殊な世界でのいわゆる業界用語のような気がしていた。しかし、よくその意味を考えれば、けっしておかしくはない。自分より先に来ていた人にかける言葉としては適切である。つまり「早い」という意味が、「朝早い」ということではなく、「自分より早くから来て、仕事をしていた」という意味に解釈できるからである。

もともと「こんにちは」という言葉も「こんにちはよいお日柄ですね」とか「お元気そうでけっこうですね」といった言葉が後に続いていたはずだ。それがいつの間にか省略されてしまった。だから「こんにちは」だけでは親しい間柄でないと通用しなくなってしまったのである。

挨拶言葉というのは、いつの間にか短く省略されてしまう傾向がある。帰ってきた人を迎える言葉、「お帰りなさい」も考えてみるとおかしい。これから出かける人に「早くお帰りなさい」と言っているのならわかるが、すでに帰ってきた人に対してこの言い方は変だ。これは本当は「早くお帰りなさいました」の意味で、語尾の「ました」が省略されてしまったために、意味がおかしくなってしまったのだ。もっとも最近は職場で「おはようございます」の一言の挨拶もなく、スーッと現れていつの間にか座っている、だんまり社員が増えているとか。挨拶全部を省略してしまっては社会人として失格かもしれない。

眼目は最後の最後に

吉宗はドンデン返しの名人

『大岡政談《おおおかせいだん》・天一坊《てんいちぼう》の巻』にこんな一節がある。天一坊が、威風堂々江戸に乗り込んできたとき、山内伊賀亮《やまのうちいがのすけ》の謀略が功を奏し、老中松平伊豆守《まつだいらいずのかみ》以下、一時は真正の御落胤《ごらくいん》かと信じ、将軍吉宗《よしむね》自身まで、若かりし頃のロマンスを思い返し、ちょっとそんなことがあってもいいような気になった。

ただ一人疑いをさしはさんだ大岡越前守《えちぜんのかみ》は、ひそかに早駕籠《かご》を紀州《きしゅう》に飛ばして身もとを洗ってみると、吉宗が手をつけた沢野の子というのは真っ赤な偽りと判明。しかし、ここで越前、そのむねを吉宗に直接言上しては松平伊豆守以下のものの落度となって気の毒、そこで伊豆守の顔を立てるべく、伊豆守に自分の調べ書をこっそり取りついだ。伊豆守は感激して、そのむね吉宗に報告に及んだ。問題はその次のところで、慧眼《けいがん》の吉宗はもとより越前の計らいを見ぬいている。さっそく伊豆・越前両名を呼びこう言ったとある。

「ウム、越前、よう調べが届いた。その方なくば、親子の盃《さかずき》をも致し、天下の一大事にも及ぶところ、幸にこれをのがれしあっぱれのはたらき。伊豆、その方はじめとして城代・所司代・老中一同心づいた儀ではあ……」

吉宗は「あるまい」と言うつもりだった。が、ここで「あるまい」と言ってしまっては、伊豆守以下銘々の身にかかわる。そこで、越前に心を合わせて「あろう」と言ったというのである。つまり吉宗はセンテンスの最後のところで、否定の意味を肯定の意味にすり換えた。日本語の文法的特色としては、センテンスの最後のところに、そのセンテンスの意味を決定する一番大切な語句が来る。吉宗は、ここで日本語のその性格を利用したのだ。

『紀州』という落語があるが、江戸で七代将軍家継《いえつぐ》が夭折《ようせつ》し、城中で八代将軍を定める会議が開かれたとき、老中の大久保《おおくぼ》加賀守《かがのかみ》が諸侯に就任の意志をたずねた。尾州侯《びしゅう》は「謙譲の美徳」を発揮して心ならずも「我徳薄くしてその任にあらず」と答える。次に紀州侯（吉宗）に同様の意を通じると、彼もまず「我徳薄くしてその任にあらず」と卑下したので、一同これも辞退の口かと思っているとすぐ続けて「とはいえども」と逆接の詞を用い、結局「天下万民のためとあらば就任いたすべし」と言って引き受けてしまう。これが吉宗だ。尾州侯はほぞをかんだが及ばなかったというが、講談・落語を通じて吉宗はもっぱらドンデン返しの使い手として名を売っている。

助六《すけろく》がかんぺら門兵衛《もんべえ》に対する問答も、この種のからかいを試みている。

門「さっきから大分シャレるやつだが、うなあ己を知らねえな」

助六「これはどうしたものでえす。こなたを知らぬものがあるものか。この吉原は言うに及ばず、この江戸にも隠れはねえ」

門「知っているのか」

助六「誰だか知らねえ」

お伽草子《とぎぞうし》の『物臭太郎《ものぐさたろう》』の発端のところにこの種の効果をねらった長大な形式の例があることはよく知られている。

日本語のこの性格は、言葉を濁したりするのにはきわめて都合がよい。何か断定するのが恐ろしくなったら「と言うものがある」とやったり「と思われるフシもある」とやって逃げられる。しかし、はっきりその内容を伝えようとし、また、はっきり受け取ろうとするものにとっては、この日本語の性格はずいぶん邪魔になること、先人の指摘するところである。

いつか、東京学芸大学の教授であった鵜飼寒鏡《うかいかんきょう》氏が書いておられた。

「終電に間に合うかどうか、地下鉄の長いうねった通路をもどかしく駆け込むと、
コノ時間ノ東京行ハ2番線カラ発車……

の標示がぱっと目にはいる。つられて、そそっかし屋の私は2番ホームに飛び降りた。ところがなんと電車は1番線でベルをならしているのではないか。気負って改札係に食ってかかると、慣れた態度で黙ってくだんの標示を指さした。

2番線カラ発車シマセン」

ところで、日本語の文芸作品では、こういう最後の方までどうなるかわからないような言い方を、すぐれた言い方として貴んできた。掛詞《かけことば》と並んで、代表的な日本文芸の修辞である序詞や枕詞の使用も、精神は同じである。

足引《あしひ》きの山鳥《やまどり》の尾のしだり尾の……

とあるので一体何を言い出すかと思うと、

長々し夜《よ》をひとりかも寝む

というわけで、しだり尾の長いのに引っかけて秋の長い夜の一人寝のさみしさを訴えるのであったりする。これなどは、上の句が下の句の長いという語に関連があるか

らまだいい方である。これに対し、

みかの原湧《わ》きて流るる泉川《いずみがわ》いつ見きとてか恋しかるらむ　中納言兼輔《かねすけ》

においては、上の句と下の句との関連は「いつ」という音の共有のみで、意味においては何の関連もない。音に引っかけて見ぬ人に対する恋心の告白を述べるのであるから、思いがけないことを言い出すという技巧はいっそう進んでいる。

枕詞の方は、序詞より短く、また、大体次に来る語が習慣的に予想されるからおもしろみも少なく、ひびきのよさが主な働きになってしまった。

借金申し出の前口上の特色

中国の評論家、林語堂《リンユイタン》がこんなことを書いているという。

「中国人の、人との話しぶりは、ベートーベンのシンフォニーと似た組立てを持っている。ただしかし、違う点は、ベートーベンのシンフォニーでは、主題は通例第一楽章にくるが、中国人の会話のやりとりでは、主題はいつも第四楽章に、しかも突如として短くやってくる。まず第一楽章から第三楽章までは、その日の天気のことや、その土地の地理、歴史、知人についての感想、はては国の政治、経済と、うんちくの限りを傾けた会話がまずながながと取りかわされ、やがて第四楽章になってはじめて、主題である用件が切り出される」(中村通夫《なかむらみちお》『現代語の傾向』)

この傾向は、中村通夫氏がそこで言われるように、日本人の話し方にもそのままあてはまるようだ。女性にこの傾向はことに顕著で、岡部冬彦《おかべふゆひこ》氏は、「まず序論からはじめるのが女の人の特性ではないか」と言った(『言語生活』一〇七号)。男でも、知人のところへ借金でも頼みにいくときには、最初から用件を切り出すものはいない。物価が上がったことを述べ、息子が高等学校へ上がったことを告げ、女房が寝込んだことをこぼして、しかるのち潮時を見て「ときに」といって初めて主題に入るのが普通である。しかも主題に入る前に主題が結果として論理的に出てくるように言うわけではない。その導入はおおむね微妙である。こういう話し方は、一番大事な言葉を最後に繰り出す日本語の特色と通じるものがある。

これと似た構造を持った話し方をする代表的なものは、落語である。いわゆるマクラをかぶっているうちにいつか本題に入っていく。『がまの油』などでは、がまの油を売る商人のせりふそのものの中に、遠出山越え傘のうち……

といったマクラが入る。落語に限らず、浪花節《なにわぶし》もそうで、東海道を旅行けばお茶の香りがしたり、富士が見えたりするというような地理的景観を叙していくうちに、いつか遠州森《えんしゅうもり》の石松《いしまつ》の身の上話へ持っていく。おけさ節から入っていく『佐渡情話《さどじょうわ》』や、

利根《とね》の川風袂《たもと》に入れて月に棹《さお》さす高瀬舟……

で始まる『天保水滸伝《てんぽうすいこでん》』などいずれも同類である。

これは、実は日本の文芸全般にわたって見られる傾向で、古くは記紀、万葉の長歌がそうだった。『古事記』に出てくる神武《じんむ》天皇の御製という長歌には、粟《あわ》畑に生えたニラの芽や、伊勢湾の岩を這《は》い回るキシャゴを題材にしているうちに、いつしか敵を攻撃せよという軍歌に歌い直したものがある。柿本人麻呂《かきのもとのひとまろ》は、石見《いわみ》の国に潟《かた》があるとかないとかいうことを述べ、もう少しで歌が終わろうというときになって、故郷に残してきた妻に対する愛情を披瀝《ひれき》する。

武蔵野の尾花がすゑにかゝる白雲と詠みしは、むかしむかし浦の苫屋《とまや》、鴫《しぎ》たつ沢の夕暮にめでて……」

と始まる『東海道中膝栗毛』もそれで、ここを読むと、どんなかたい話が始まるかと思うが、いつの間にか弥次・喜多の滑稽《こっけい》談に変わっている。

月日は百代の過客にして……

と始めた『奥の細道』もこの例だ。

漱石の『三四郎《さんしろう》』に出てくる何とかいう教授の講義は、劈頭《へきとう》「号砲一発浦賀《うらが》にとどろくや……」と始まるものであったそうであるが、これも同じ伝だったかもしれない。

卑下と自慢は紙一重

江戸の小話であるが、駿河《するが》から客がたずねてきた。主人はご馳走に駿河の国をほめ、客を喜ばせようと「お国はけっこうなところで、竹細工などほかの国のものは比べものになりません」と言うと、客は「いえいえ、あれはお江戸の亀井町の方がはるかにじょうずでござります」と言って取り合わない。「それでは、ナスビをいち早く賞美するのはお国のものでござります」と言うと、「いえいえ、それも本所《ほんじょ》の砂村には敵《かな》いませぬ」とかわされる。何とか卑下させぬ方法はないかと案をめぐらし、「しかし、何と申しましても駿河の富士は日本一の名山でござりましょう」と言うと、相手は「いえ、あれも半分は雪でござります」と言ったという。

主人は感心して、なるほどこれは見事な応答ぶりである、自分も一つ見習おうと心に期していると、客が「時にあなたはこの前お目にかかったときより大分おふとりになりました」と言う（その頃はふとったと言われることを喜んだのだ）。主人はここぞと思い、「いえ、とんでもない。これも半分は垢《あか》でござります」と言ったそうな。

日本の家庭で、「君の奥さん、きれいだね」とほめちぎれば、「いや、しわくちゃばばあだよ」と受け、「かわいいお嬢ちゃんですこと」と言うと、「いえ、もうきかんぼで困ります」と答えるのが礼儀と考えられていた。日本人にとって、特に言うまじきこと、書くまじきこととの第二として教えられてきたものは、この自慢であった。そうして、ことに女性はこれを慎むべきことと されていた。

紫式部《むらさきしきぶ》は、豊かな学識を持っていたが、人と交わるのに全然それを誇らしげにすることがなかったという。もっとも『紫式部日記』に書いた清少納言《せいしょうなごん》たちに対する辛辣《しんらつ》な批評が有名になってから、いくらかこの定評に疵《きず》がついたようであるが、私が小学校教育を受けた頃は、国語の教科書に彼女はまことに模範的な日本の淑女であるように書かれていた。

対抗馬の清少納言の方は、持ち合わせの学識を鼻にかけるというので人間的にはとかく評判がよろしくなかった。確かに『枕草子』をひもとくと、ああまた例の自慢話か、と思われることがしばしばである。しかもただ学識だけにとどまらず、

萩などのいとおもたげなるに、露の落つるに枝のうち動きて、人も手ふれぬに、ふと上《かみ》ざまへ上《あが》りたるもいみじうをかし。と、言ひたることどもの、人の心にはつゆをかしからじと思ふこそ、またをかしけれ（百三十段）。

というあたりなどは、自分の美的センスが人にすぐれて繊細であることを、得々と語っているようで、これでは人気が出ないはずだった。

また、貝原益軒《かいばらえきけん》が渡し船の中で若書生の講義をじっと聞いていたことが美談とされ

ているのも謙譲の徳の讃美だった。『西鶴《さいかく》諸国ばなし』の一つ「大晦日《おおみそか》は合はぬ算用」の中では、切腹しそうになる友人を見かね、「その小判がここにあった」と自分の懐中から小判を一枚取り出して暗闇からほうり投げたものがいたが、その男は、最後まで名乗り出なかった。自分の手柄になるのを遠慮したのである。そうして、その後、主人が気をきかせて小判を庭の手水鉢《ちょうずばち》の上に置き、一人出て行くたびに戸をしめるというように気を配って、一人ずつ帰らせたところ、誰とも知らず、取って帰ったという結びまでついている。

ところで、日本人が自慢をしないというのは、けっして自慢したくないからではない。したいのである。が、することはよくないとされる。そのために、日本人の言葉には、自分の言葉に何か注釈をつけることが多いようだ。

長唄《ながうた》「越後獅子《えちごじし》」の歌の主人公は「おらが女房をほめるじゃないが」と言いながら、けっこう、自分の妻が糸をつむいだり、藁《わら》仕事をすることを得意そうに語っている。戦争中の流行歌「上海だより」の主人公は、敵から受けた刀傷や弾丸痕《あと》を見せたいという場合、「自慢じゃないが」と断りを入れている。

「こう言うと自慢をするようだが」と前置きして、結局自慢話を始める人の数ははなはだ多い。これらは、自慢話をしたいが、自慢話をしてはならぬということを自分は知っている、その知っていることだけはわかってもらいたいという努力である。

昔、小学校の教科書に出ていた話であるが、ローマの賢婦人コルネリアは、友人の成金夫人から宝石の数々を見せられた後、今度はあなたの宝石を見たいと言われ、「これがそうです」と言って自分の二人の子供を示したという。日本でこういうことをやろうとしたら、嫌味を感じさせずにやるのはずいぶん難しかろう。

いずれ相談いたしまして

『源平盛衰記《げんぺいじょうすいき》』や『義経記《ぎけいき》』などを読むと、

弓矢とる身はことば一つもたやすからず

という一句がたびたび出てくる。『沙石集《しゃせきしゅう》』には、「口をして鼻のごとくならしむれば、死し後もとがなし」と教え、『徒然草《つれづれぐさ》』は二三三段で、

よろづのとがあらじと思はば……言葉少からんにはしかじ

と説く。

物言へば唇寒し秋の風

と芭蕉《ばしよう》も言った。加藤秀俊《かとうひでとし》氏は、

口あいて人に食わる、ざくろかな
口あいて五臓の見ゆる蛙かな

のような俳句が多い事実に触れて、これら一連のものは、コミュニケーションの関係の中では「話し手」よりも「聞き手」の立場に立つべきであることを教えるものだと説明している（『言語生活』一一二号）。

常々語ってきたことだが、古代の日本人は〈コトダマ〉の信仰から言葉数を慎んだ。しかし、後世の日本人は〈言質《げんち》〉を取られることにきわめて用心深かった。幕末の頃、日本に来たゴンチャロフは、『フリゲート艦パルラダ号』の中で、日本人とは、こんな民族だと言っている。

「「長崎の人口はどのくらいありますか?」とある時馬場五郎左衛門に尋ねた。もちろん通詞《つうじ》を介してである。彼はこの質問を日本語で繰返し、連れの御検使の方を窺《うかが》った。連れは別の御検使を、それは更に小検使に及び、小検使は再び通詞に尋ねるのであった。そして、この質問と眼《まな》ざしとは、最後にまた馬場に戻ったが、返答はなかった。とうとう定五郎が言った。「少いこともあり、また時に多いこともあります」これが答えなのだ!」(岡田《おかだ》章雄《あきお》編『外国人の見た日本・2』)

日本人が〈言質〉を取られるのを恐れている心理がよくわかる。

第二次世界大戦が終わったとき、西のニュルンベルクと東の東京とで、連合国の主催する国際戦犯裁判が開かれた。ところがドイツの被告たちは、ときには態度からして倨傲《きよごう》でもあったが、答弁はすべて明快であったのに対して、日本の証人たちの答弁は、曖昧模糊《あいまいもこ》としてつかまえどころがなく、しばしば「結局答えはイエスかノーか」と明言を迫られる場面が展開された。元首相米内光政《よないみつまさ》証人の答弁のごときは、ウェッブ裁判長をして、「今度の証人の中で、この男が最も愚鈍だ」と言わしめたと伝える。古今を通じて変わらない日本人の性格である(芳賀綏《はがやすし》『言語生活の種々相』『言語生活の理論と教育』所収)。

そう言えば以前、経営不振の日産にカルロス・ゴーンさんというフランス人の社長が選ばれてやって来た。この人は、着任早々、重役連中とだけ相談するのでなく、各地の工場長やら系列の部品メーカーの人たちとも次々と面談し、納得のいくまで会話を重ね、会社の問題点を明らかにしていったという。その後もマスコミはゴーンさんのやり方を大きく報道しつづけ、日本中が注目してきた。何ごとも単刀直入に率直にものを言うゴーンさんに日本人が目をみはったのは当然だろう。逆に、佐々木邦《ささきくに》氏の唯一の自伝小説『凡人伝』の中には、話しかけられると、どんな小さな問題についても一、二、三、四……と、二〇まで数えてから口を切る男の話が出てくるが、こういう傾向を持った日本人は実在しないこともない。

講談「大岡政談」で聞く大岡越前守は、罪におとし入れたくない人間が、「はなはだ恐れ入りますが、この儀は仔細《しさい》がございまして、申し上げかねます。御容赦のほど願いまする」

というようなことを言うと、

「それでは吟味にさしつかえる。もっと聞き取りしうえ、次第によっては忘れてとらせる、審《つまび》らかに申せ」と言ったということになっている。「忘れてとらせる」とは気のきいた言い方で、取り調べを受ける人間は、どんなにうれしかったろう。名裁判官の評判を取ったゆえんだった。

日本人の演説には、よくアイウエオが後につくと言われる。「私はァー　このたびィー　かくまでェー　盛大なるゥー　歓迎をォー」同じように、エー、エーがとび出す人がいる。日常の会話では、ネ、デスネが重なる人がいる。ある人が、ラジオの料理番組を聞きながら、「ネ」の現れる回数を数えたら、一五分間に三〇回出てきたという（『言語生活』一〇六号）。

中川善之助《なかがわぜんのすけ》氏は、こういう〈遊び言葉〉の多い話し方を説明して、日本人はうっかり言って〈言質〉を取られてはつまらないからだと解釈された（『言語生活』一〇号）。相撲や野球のように、それぞれファンがついている競技の解説者は、ことさら〈言質〉を取られまいと気を使って、この言い方になることが多い。往年の名野球解説者の有名なせりふである「何と申しましょうか」はその代表だろう。

「考えておきます」「いずれ相談いたしまして」「善処いたします」など、ことに政治家に多く使われる言葉は、いずれも言質を与えまいとする防御《ぼうぎょ》態勢を取ったときの言葉である。

「約束を重んじること」を重んじる

宇治川の合戦で、佐々木高綱《ささきたかつな》は、戦友の梶原景季《かじわらかげすえ》に向かって「馬のハラオビがゆるんでいるぞ」とウソをつき、川渡りの先陣を果たした。ウソは日本人のもっとも嫌うものであるが、この場合の高綱のやり方は、必ずしも悪口の的にはなっていない。それは、高綱が出陣の前に主君頼朝に向かって、「もし高綱が生きていると聞かれたら、宇治川先陣は高綱がしたものと思っていただきたい」と約束をした、それを果たさんがための悲痛なウソである、と評価されているためである。もし先陣ができなかったら、高綱は生きておられなかったろう。先に述べた、日本人が〈言質〉を取られまいと用心する気持ちは、このあたりとつながる。

日本人はかくも約束を重んじる、というより、「約束を重んじること」を重んじる。『雲萍雑志《うんぴょうざつし》』に出ている話に、名和長年《なわながとし》は、幼時、乞食の子供と遊んでいて、何心なく「うちの松の木をおまえにやろう」と言った。乞食の子供は本当に思って、その父を同道して長年の家までやって来た。長年の父はそれを聞き、せっかく約束した以上は、といって、玄関脇のりっぱな松の大木を斬り倒して彼に与えたという。

西鶴の『武家義理物語』には、石川丈山《いしかわじょうざん》の友人の小栗某の話が載っているが、この男は、「来年の今月今日再びお宅をおたずねする」という口約束をしたというだけの理由で、別に用もないのに、備前《びぜん》から京都洛北《らくほく》まで出てきた。あいにくその前夜には大雪が降っていたが、彼はそれを踏み分けて丈山の山庵《さんあん》にたどりつき、ユズ味噌一品をおかずにした朝飯をいっぱい振る舞われて欣然《きんぜん》と帰っていったという(「約束は雪の朝食」)。

『雨月物語』の「菊花の約《ちぎり》」は、殺された男が生前の約束を守って、重陽の日に亡霊となって会いにくる話で、これとよく似ている。

ところで、日本人の行動には約束を重んじることから、妙な言葉のやりとりがおこる。

狂言の『素襖落《すおうおとし》』の中に、主人が太郎冠者《たろうかじゃ》を伯父《おじ》のもとに使いにやり、明日伊勢参宮に立つからお誘いしろと命じるところがある。太郎冠者、驚いて「明日と申してはあまりに急なことゆえ、伯父御さまには、えお出でなされますまい」と言うと、ここで主人の言い分がふるっている。

「某《それがし》もそうは思えども、かねがね約束じやによってただは行かれぬ。おつけ届けまでに行てこい」

「おつけ届けまでに」とは、小山弘志《こやまひろし》氏によると「一往の形式的な義理を果たすまでに」という意味だそうであるが、こんな誘いでは、受けても迷惑なことである。もっとも、相手はちゃんと心得て適当な返事をすることになっていたのだろう。

岡本綺堂《おかもときどう》の『権三《ごんざ》と助十《すけじゅう》』の中に、大阪から出てきた孝行息子彦三郎というのが登場する。これは家主六郎兵衛に、若いのに似合わず言葉遣いが丁寧だとほめられる人間である。それが、家主に、「ぜひ父彦兵衛の悪名を清めとうございます。おまえさまによいご分別はございますまいか」と訴え、「まあ、待ってくれ」と答えられると、

「どうしてもこのままでは帰れません。私が大阪をたちますときにも、どんな難儀をしても、きっとお父っさんの無実を訴えてくると、母や弟にもりっぱに約束してまいったのでござります」

と言う。帰れない理由は、自分の〈メンツ〉の問題だけで、相手六郎兵衛の立場は全然考慮に入っていない。ただ辞を低くするのみである。こんな頼まれ方では、さぞ不愉快に思いそうなのに、六郎兵衛は、そういう事情ならばと重い腰を上げて、お奉行所に行く段取りとなる。結果はよかったからいいようなものの、あの彦三郎の頼み方は、ほかの人との約束という事実をかさに着て、脅迫したようなものだった。

「弁解するようだが」と言う人

日本の学校の教師をやってみると、小学校の生徒は、先生の質問に対して実によく手を上げるのではなはだ気持ちがよいが、中学生になると、さっぱり手を上げなくなってはなはだやりにくい。

服部四郎《はっとりしろう》氏は、アメリカのミシガン大学で教鞭《きょうべん》を取った経験を述べている。

「アメリカの学生を教えて感心したことは、知らないことも恥じて口を閉じているということなく、自由に質問することと、人がわかってしまってもそんなことには頓着《とんちゃく》なく、自分がわかるまで質問し考えることである。また自分の懐《いだ》く疑問を人々の前に公開することを恥とせず、討論に付するのを憚《はばか》らないことだ。日本の学生には、周囲の様子を見て、自分がまだわからないのに、わかったような顔をする者があるのではなかろうか。一対一で対して居る時は遠慮なく質問しておきながら、人人の前ではあまり質問しないというような学生もありはしないか」(『国語学』第一一輯《しゅう》)

日本人は発言にこだわる、と言うほかはない。日本の会議で発言が活発に行われないことは、多くの人に指摘されている。

日本人の中には、あらたまった席で発言するときに、「エー……」と切り出す人が多い。「デー……」と始める人もある。いきなりは言い出しにくいのである。

芭蕉は『奥の細道』で、陸前松島《まつしま》の景をほめるのに、

　ことふりにたれど……

と断っている。兼好《けんこう》法師は、『徒然草』の「折節の移り変はるこそ」の章で、秋の自然をたたえるのに、

　言ひつゞくれば、みな源氏物語・枕草子などにことふりにたれど、同じ事は、今さらに言はじとにもあらず。思ふ事は言はぬは、腹ふくるゝわざなれば……
……

と弁解しながら書いている。日本人には、このような、自分の書くこと、言うことに対する注釈が多いようだ。自分の自慢話をしかけて、「これは自慢じゃないが」と言う習慣があることは前に述べた。弁解したくなってから、弁解するのはよくないこ

とに思い至り、「弁解するようだが」と言って弁解する人も多いようである。

過ぎし時代には、「リンキは女の慎むところ」という金言があった。そこで、こんな哀れなせりふがしばしば聞かれる。

「さアてわが夫主水《つまもんど》さまよ、わたしゃ女房で嫉くのじゃないが　二人の子供をだてには持たぬ　十九二十《はたち》の身じゃあるまいし　人に意見をする年頃で　やめておくれよ女郎買いばかり……」（群馬県民謡「八木節」）

いくら断っても、聞く人はちゃんとやきもちであると受け取りそうである。

妾やりんきで言うのじゃないが　ひとりでさした傘に　片袖ぬれるはずがない（流行歌「ラッパ節」）

も同じ精神である。

『平家物語』で理想的な紳士として描かれている平重盛《たいらのしげもり》などという人は、盛んにそういう口のきき方をしている。大納言藤原成親《ふじわらのなりちか》の鹿ケ《ししが》谷《たに》の共同謀議が露見して清盛《きよもり》の前に引き出されたときに、重盛はその命乞《ご》いをするとてこう言っている。

「重盛かの大納言が妹に相具して候。維盛《これもり》また聟《むこ》なり（＝成親ノ娘ト結婚シテイル）。

かやうに親しくなつて候へば（命乞イヲ）申すとや（アナタハ）思《おぼ》し召され候ふらん。その儀では候はず」

これは、ただ弁解するのではなくて、弁解することはよくないことだということを心得ているだけまさっているんだ、というように『平家物語』の作者はとったのであろうか。

坪内逍遥《つぼうちしょうよう》の『当世書生気質《とうせいしょせいかたぎ》』は、逍遥がわざわざ「ここに出てくるのは書生界の上流を占むるものなり」という注をつけている作品であるが、次のような注釈・弁解が、守山という青年の言葉にいやというほど出てきて、一つの特色にさえなっているほどであるのは注目される。

「今さら改まって言うまでもないが……」

あるいは、

「知っていながら聞くというのは、何だか解らない仕打のようだが……」

あるいは、

「そりゃア僕一身のことだから、もとよりかまったことじゃアないが……」

あるいは、

「こう言えば、何だか僕一人聖人ぶるようだが……」（第三回「真心もあつき朋友の…

……）

長塚節《ながつかたかし》の『土』に出てくる勘次の家の近所の大家のおかみさんもまたこのような癖を持っている。

「そういっちゃ何だがお品も随分お前じゃ意地焼いて苦労したこともあるからね」

あるいは、

「そういっちゃお前の姉のこと悪くばかりいうようだが、舅《しゅうと》が鬼怒川《きぬがわ》へ落ちて死んだなんて大騒ぎしたことあったっけねえ」

日本人はことわってから歩く

堀川直義《ほりかわなおよし》氏によると、国民性の相違を警句的に表したものに、笠信太郎《りゅうしんたろう》の有名なたとえがある。

「イギリス人は歩きながら考える
フランス人は考えた後で走り出す
スペイン人は走ってしまった後で考える」

氏はさらに、日本人を表すのにどう言ったらいいかと考え、

「日本人は言いわけをしてから歩く」

とやりたいと結んでいる。

「取り急ぎ、まとめましたので、十分な検討が加えてありませんが……」

結婚の披露宴のスピーチを指名されたときは「突然のご指名で何をお話ししてよいやらわかりませんが……」等、等、等（依田《よだ》新《あらた》・築島謙三《つきしまけんぞう》編『日本人の性格』）。

これは私に言わせると、「日本人はことわってから歩くのである」。

「これはいつも言うことなんだけれども……」

あるいは、一座の人の名を言いながら、

「○○君にはさっき話したのだけれども……」

こういうクセは、日本人のテレ性によって生まれた表現である。「ことふりにたれど……」の芭蕉の心理も同様であろう。

「お座敷小唄《こうた》」にも「歌の文句じゃないけれど……」という一節がある。

コラム1

作り手が教える辞書活用法

世界中のさまざまな言語に応じて、さまざまな辞書が生まれている。しかし日本くらいよい辞書が求められている国はないだろう。それは日本語くらい多くの単語から成り立っている言語はないからである。そうしたおびただしい単語の中から何を選んで何を捨てるかで、監修者の真価を問われることになる。私も辞書の監修者としてたくさんの辞書の編集に携わったが、一番苦労するのは単語の選び方である。

日本文学の研究で有名なサイデンステッカー氏は、川端康成《かわばたやすなり》の『伊豆の踊り子』を取り上げて、「やさしい日本語で書かれた文章ではあるが、それでも初めの方を読んだだけで辞典に載っていない言葉がいっぱい出てくる」と指摘した。どんな言葉かというと、「旅慣れた」「風呂敷包《ふろしき》み」「四十女」「退屈しのぎ」「菊畑」「六十近い」「花見時分」といった言葉だという。外国人にとってこれらの言葉が出てくると、いちいち辞書を引きたくなるかもしれない。しかし日本人にとっては、これらの言葉は辞書を引かなくてもわかるから載せる必要はない。日本人が知りたい言葉とは何か。それをよく選別する必要がある。

先日病院に行ったら、お医者さんにこう言われた。

「もしも心筋梗塞《こうそく》をおこしたらICUに行かなくてはいけません」

ICUとは何か。以前勤めていた大学は、国際基督《キリスト》教大学で略してICUと言った。まさかそこに行かなくてはいけないのだろうか、と思ったら、病院の中にある「集中治療室」のことだそうだ。こういう医療用語は一応知っていなくてはいけない言葉なので、早速辞書の中に入れることになる。

しかし欧文の略語でもODA、HIVとかITなどと、次から次へと生まれてくるので、どれを載せ、どれがさほど重要ではないか、よく考えなくてはならない。

またカタカナ語でも「インターネット」とか「カルチャーショック」などの言葉は定着しそうだが、「ナタデココ」とか「ガングロギャル」「チョベリバ」というような流行語はすぐ消えてしまいそうだ。今盛んに言われている「リストラ」や「セクハラ」という言葉はどうだろうか。その辺をよく見きわめてからでないと、監修者の見識にかかわることになる。

なるべく辞書に載せたいのは、「探鳥」「団塊の世代」のような造語、「海の日」のような和語である。「いまいち」のような俗語も命を保ちそうなので、載せてもいいかもしれないと思った。また従来からあった言葉でも、新しい意味を持つようなものもあり、その場合は新しい語釈も載せる必要がある。例えば「鳥肌が立つ」という言葉は、元来恐ろしいときや寒いときにゾッとすることを指したが、今は感動する場面でも使われている。これは一種の誤用なのだが、あまりに堂々と使われるようになると、触れないわけにはいかなくなる。

さて日本語で辞書が必要なのは語釈を知りたいときばかりではない。日本語にはカタカナやひらがな、漢字があり、必要があれば数字、ローマ字でも表記されている。このうち漢字は数が多く、同音のものも多いので、正しく書くのは大変だ。いつか電車に乗ったら事故があり、降りた駅はものすごい雑踏だった。そして改札口の近くに「料金を清算したい方は窓口へ」という看板が立っていた。これは正しくは「精算」である。清算は借金を始末したりするときに使う言葉。しかし日本語ではこうした間違いがおこりやすい。

ロテンは「露店」だが、ロテンショウになると「露天商」となる。幼稚園で子供たちがやるのは「遊戯」だが、パチンコをする店は「遊技場」である。芸術的な作品を作るのは「制作」で、機械のような実用品を作るのは「製作」だ。これは辞書で覚えるしかない。また同じツイキュウでも、真理は「追究」する、責任は「追及」する、快楽は「追求」するというぐあいでややこしい。

パソコンで文章を書く場合、一度にたくさんの漢字が出てきて、そこから選ぶことになる。だからせめて漢字を覚えていなくても、どの字がその文章で適切かは知っておく必要がある。意味に応じた正しい漢字の使い方を教えるのも、辞書の大変重要な役目なのである。

無人島に本を持っていくなら、辞書がお勧め

さて辞書をパラパラとめくっていると思いがけない楽しみがある。例えば「木」という単語のあるページを開くと、ほかにもたくさん木に関する言葉が並んでいる。「木の間隠れ」「木の下闇」「木漏れ日」「木の芽どき」などなど。「雨」は「五月雨《さみだれ》」「梅雨」「時雨《しぐれ》」「雨だれ」「雨やどり」。「花」になると「花冷え」「花吹雪」「花明かり」「花がたみ」「花かんざし」など、字を見ただけで美しい風景が浮かんできそうだ。これは自然に囲まれた日本だからこそ生まれた言葉だろう。

しかし自然に関する言葉は何でも多いかというとそうでもない。例えば「星」の名前とか、星座に関するものは少ない。これは日本の空は湿気が多いためにあまり星が見えなかったから、という人もいるが、一つだけ例外なのが「すばる」という星で、これは枕草子にも登場するし、昔の諺《ことわざ》にも出てくる。「すばるまんどき粉八合」というものだが、意味がわかる人はいるだろうか。「まんどき」とは星が真南にあるときで、二百十日頃そばの実を播《ま》けば、一升の実から八合の粉がとれるほどの豊作になる、という意味である。こんな諺も辞書を引くと載っている。

よく、無人島に行くときに持っていくとしたら、どんな本を持っていきますか、という質問がある。私はぜひ辞書を持っていくことを勧めたい。言葉の意外な意味、意外な用法、そしてなぜそうした言葉が生まれたか、来歴まで知ることもできて、当分の間は飽きることはないだろう。もっとも私が言うと、どうしても宣伝くさくなってしまうところが難点だが。

第4章

日本人の心を動かす言葉

1 やっぱりこだわってしまう一言

どっちが兄でどっちが弟？

きんさん、ぎんさんという一〇〇歳を超える双子のおばあさんが話題になったことがあった。おもしろいのはマスコミが二人を紹介するとき、必ずきんさんが姉、ぎんさんが妹、というように説明がつくことだ。同年齢でしかも一〇〇歳を超えているとあれば、どっちが姉でも妹でもよさそうなものだが、そうはいかない。

この兄弟、姉妹の長幼の序にこだわること、日本人は格別である。例えば相撲の世界では「若貴《わかたか》兄弟」と言う。絶対に「貴若《たかわか》兄弟」にはならない。いくら弟の貴乃花《たかのはな》の方が番付が上でも、この順序は変わらなかった。

そして二人のエピソードを紹介するときも、「若乃花《わかのはな》はいかにもお兄さんらしく、負けた弟を気遣うふうだった」とか、「貴乃花は兄と違って、自分の思うとおりにやらないと気がすまぬ性格だ」などと、ことさら兄弟を強調した書き方をしないと気がすまない。この二人にとって、兄だ、弟だという言葉は、一生ついて回るだろう。日本人はそのくらいどっちが年上でどっちが年下かということに深い関心を持つ。

家族構成を表す言葉として、日本語にはおもしろい現象がある。その家で一番最後に生まれた人間から見て、誰は何にあたるか、その呼び名を全員が使うのだ。例えば末子が生まれれば、その子の兄は「お兄ちゃん」と呼び、父は「お父さん」、父の母は「おばあちゃん」になる。電車の中で家族連れらしい一団がドヤドヤ乗り込んできて、「お父さん、お父さん、ここが空いてるよ！」と老婆《ろうば》がどなっているので、どんなヨボヨボのおじいさんが乗ってくるのかと思ったら、その老婆の息子のことだった。孫から見れば「お父さん」だから、老婆も息子を「お父さん」と呼ぶのである。おかしいといえばおかしな現象だが日本人の家族制度を物語る現象である。

そもそも日本語では、単独に「兄」「姉」「弟」「妹」という言葉があるが、英語では brother, sister という語のみで、兄は elder brother と二語を足した構成になる。そして外国の本を読むと、ただ sister と書いてあるだけなので、姉なのか妹なのか最後までわからないことが多い。

グリム童話に『ヘンゼルとグレーテル』という話がある。私が子供の頃、ヘンゼルは兄、グレーテルは妹、という翻訳と、ヘンゼルは弟、グレーテルは姉という翻訳と二通りあった。おそらく原作者はそんなことはどっちでもよくて、ヘンゼルのシスターのグレーテル、としか書いていないのだろう。しかし日本人だったら、どっちが上か下かで、この話の受ける印象はまるっきり違ってしまうはずだ。『安寿《あんじゅ》と厨子王《ずしおう》』という話があるが、あれも安寿が姉だからこそ、弟を救うために自分の命を捨てたのである。もしも安寿が妹だったら、これは逆の話になったのではあるまいか。

『里見八犬伝《さとみはっけんでん》』でも、八つの珠《たま》を授かった男八人がめぐり合うたびに年齢を聞き、「それではあなたは私の兄上!」「弟か!」と確認し合っているのは、何ともおかしいといえばおかしい。

つまり日本人の頭の中には、どっちが上か下かが無意識のうちに重要な問題として入っており、兄はこうあるべき、弟はこうするべきという先入観ですべてを判断したくなる習慣があるらしい。

こうした考え方は中国から伝わったものらしく、日本の太古の社会ではさほどではなかったようだ。神武《じんむ》天皇は第一子ではなかったのに天皇の位につき、一五代までは順序はバラバラだった。一六代目の仁徳《にんとく》天皇のとき、彼の弟の方がすぐれていたので弟に皇位を継がせようとすると、「男女別あり、兄弟序あり」と弟は『論語』の言葉を持ち出して、ガンとして皇位を継承しようとしなかった。どうもこのあたりから、中国の影響を受け始めたようだ。

男の子の名前も長男が「一郎」「太郎」あるいは「真一」といった名前がつき、二番目だと「二郎」「次郎」「修次」という名前になる。今はこうしたつけ方も少なくなったが、昔は名前を見ただけで、その人が何番目の男であるかわかったものだ。それは長男であれば、「総領」と呼ばれて、親の財産はすべて譲り受け、その代わりに家を守り家族の面倒を見る責任をおわされる。次男、三男は家を出ていって、独立しなくてはいけない、という運命を持たされているからでもあった。

私春彦は一人っ子だが、父、京助は十一人兄弟の長男という子だくさんの家庭に育った。明治の頃の長男の威厳たるや大変なもので、弟たちはたとえ習字の稽古《けいこ》のための反古《ほご》紙を使うときでも、兄のところに行ってきちんと両手をつき、「兄さん、紙を頂戴《ちょうだい》いたしやす」と挨拶《あいさつ》したとか。その代わり、京助も長男として一家を支えなくては、という責任感が人一倍強い人だった。

もっとも最近は少子化の影響で、兄も弟もなくなってきつつあるようだ。将来は日本人の家族観も変わってしまうかもしれない。

名乗るほどのものではないけれど

歌舞伎は華やかな舞台芸能として人気があるが、どうして自分を紹介する「名乗り」や由緒来歴を説明する場面が多いのか、不思議に思うのは私だけだろうか。『白浪五人男《しらなみごにんおとこ》』の稲瀬《いなせ》川の場では、日本駄右衛門《にっぽんだえもん》が「問われて名乗るもおこがましいが」と前置きしてから長々と自分の名前について説明を始める。弁天《べんてん》小僧も「知らざあ言って聞かせやしょう」と一応勿体《もったい》をつけて紹介をする。『浮世柄比翼稲妻《うきよづかひよくのいなづま》』という芝居は、よくそのうちの「鞘当て《さやあ》」という場だけが切り離されて公演されるが、幕が開くと、不破伴左衛門《ふわばんざえもん》、名古屋山三《なごやさんざ》両名の名乗りがあり、さてこれからどういうことになるかと思っていると、後はどうということもないうちに幕が下りてしまうという、不思議な芝居である。

これは歌舞伎だけにとどまらず、謡曲『高砂《たかさご》』に現れる神霊は、

「今は何をかつつむべき。これは高砂住の江の神ここに相生の、夫婦と現じ来りたり」

と一応名乗ってから奇瑞《きずい》を現す。狂言でも、

「これは八幡の山下に隠れもない大果報の者でござる」

というようにいちいち名乗りを上げる。

戦記文学を読むと、武将が名乗りを重んじたことはよくわかる。『保元物語』では、平重盛が、

「桓武《かんむ》天皇一二代の後胤《こういん》、平将軍貞盛《さだもり》が末葉刑部卿忠盛《ぎょうぶきょうただもり》が孫……」

というように、先祖の代までさかのぼって、えんえんと始める。昔の戦争はいかにのんびりしていたかを物語るが、聞かされる方の人はその間、手持ち無沙汰《ぶさた》で困ったことだろう。鎌倉時代、元《げん》が攻めてきたとき、日本の武士は彼らの前でも長々と名乗ったので、名乗っている間に射殺される武士が続出したという。

しかし、こうした演目が人気があったということは、逆に言えば日本人は他人のことを聞きたがる心理がどこかにあるということだ。例えば結婚式の披露宴では、必ず新郎新婦の生い立ちが説明される。ときには本人のみならず、両親の苦労話、そして祖父の成功話までが披瀝《ひれき》されたりする。また、列席した関係者の人も、自分は本人とどういう関係があってここで話を述べるに至ったのか、を詳しく説明する。

こうしたことは、外国の人から見ると大変奇異なものに映るらしい。アメリカの結婚式では、名前とせいぜいその人がどういう仕事をしているかが紹介されるだけだという。むしろ移民の寄せ集めで成り立つアメリカのような国でこそ、その人の先祖は

いつ、どこからアメリカに渡ってきたのか、親は何をしていたのか、知りたいことはたくさんあるはずである。逆に日本は狭い島国なのだから、生まれが違うなどといってもそれほど大した差があるはずもなく、どうだっていいじゃないかという気もする。

それでも日本人が相手の氏素性を聞きたがるのは、「大阪出身です」と聞けば、ああ道理で金勘定が細かいとか、「親は役所勤めで」と聞けば、地味でかたい一家に違いない、などと何となく推察できるからだ。島国ゆえに突拍子もない人間が生まれることはあまりなく、大体類型的なパターンに分けることができるので、そのどれかに分類することでとりあえず安心できるのだろう。

話がもとに戻るが、いわく因縁《いんねん》故事来歴が好き、という点もいかにも日本人的だ。謡曲『小鍛冶《こかじ》』に現れる明神《みょうじん》は、漢の高祖、隋《ずい》の煬帝《ようだい》以来の剣の故事を長々と聞かせる。また『安宅《あたか》』の弁慶は、

「それが山伏と言っぱ、役優婆塞《えんのうばそく》の行儀を受け……」

と山伏の由来を長講一席やる。歌舞伎の『助六』の中では白酒のいわれがこれでもかと弁じられ、『暫《しばらく》』の中では景政《かげまさ》が「淮南子《えなんじ》に曰《いわ》く」とやり出す。

由緒を語ることは、語り手の方は学をひけらかすことになりいい気持ちだったろうが、聞かされる方はさぞや辟易《へきえき》としていたのではなかろうか。しかし、こうした演目

が繰り返し演じられたのは、やはり日本人の勉強好きがどこかに影響していたのだろう。

神社仏閣に行くと、係の人の説明に熱心にウンウンとうなずいて聞いている中高年の人たちをよく見かける。旅行に行っても、芝居に行っても、ただ楽しいだけでなく、ああタメになった、と思わせることが何か一つ必要なのかもしれない。

ただ最近の風潮では結婚式の長々とした紹介や、由緒来歴の説明などはソッポを向かれる傾向にある。またこうした一人だけの長々としたおしゃべり自体が、敬遠され始めている。テレビなどにしても、なるべく一人だけの話は短く切って、司会者などとの軽妙な会話の方に重点を置くよう構成されている。個人主義に変わってきたのか、忙しくて長い話など聞くヒマがなくなったのかどっちだろうか。歌舞伎や能が、単なる様式美として観賞されるだけに変わってきたのも無理のないことかもしれない。

「働く」と「いそしむ」の差

戦前の文部省唱歌の中に「二宮金次郎《にのみやきんじろう》」というのがあった。

「柴《しば》刈り縄ない草鞋《わらじ》を作り
親の手を助け弟を世話す手本は二宮金次郎」
というのだが、二四時間労働に近いような働きぶりだ。しかし当時の子供はこうした歌をまじめに覚え、登下校の途中で彼の銅像に頭を下げた。一生懸命に働くということが、何よりの美徳とされた時代だったのだ。

そもそもこの「働く」という字自体、中国で生まれた文字ではない。日本製の文字、つまり国字である。一般に国字には「畑《はたけ》」「椿《つばき》」「辻《つじ》」など、ほとんど訓読みだけで音読みはない。しかしこの「働」という字は「ハタラく」という訓のほかに「ドウ」という音読みを持つ。いかに日本人がこの国字を重要視しているかわかろうというものだ。

中国で「働く」という言葉は「勤」「労」「務」などの漢字をあてる。どの字も義務的にいやいやしかたなく、という語感がただよう。それに対し、「働く」という字は、人がいきいきと動いている、という語感がある。もっとも最近はこの国字が中国に逆輸入されて使われているらしい。

さて、この「働く」は英語で言うと work になるが、日本語の「働く」の方が語義が狭く、使い方がやかましい。例えば机に向かって勉強しても、英語では work

だが、日本人はそういうものを「働く」とは言わない。「働く」は自分のために何かをすることではなく何かほかの人の利益になること——金を稼いでくるとか家事をするのが「働く」である。日本語では「うちの娘は勉強ばかりして、ちっとも働かない」などと言うが、これを英語に訳すのは難しいだろう。

「働く」の反対語は「遊ぶ」だが、これも英語の play とはちょっと違う。play は play the piano のように何かを積極的にすることだが、日本語の「遊ぶ」は、何も役に立つことをしないことで、あまりいい意味はない。

「じれったく師走《しわす》を遊ぶ指咎《とが》め」

という川柳があるが、忙しい師走なのに指にケガをしたために何もできない、という意味だ。また相撲の実況中継で「小錦《こにしき》の右手が遊んでいます」というふうに、役に立っていないときに使う。

ついでに言えば、ヨーロッパと日本では夏休みを取る意味が全然違うという。ヨーロッパでは夏は日射量が多く湿気も少なくて一番快適なシーズンなのだそうだ。そんなとき、屋内で勉強しているのはもったいない、外に出てレクリエーションをすべきである、という考えから休みを取る。これに対して日本では、夏は暑さも厳しく湿気もひどくて勉強や仕事ができないので、しかたなく休みにするという考え方だ。つまり、休みに対する考え方が欧米人は積極的なのに対し、日本人はとても消極的である。

ことほど左様に働き好きの日本人だから、周りの国からヤイヤイ言われてもそう簡単にその国民性が変わるとも思えない。外国の空港で私が飛行機を待っていたとき、出発が一時間ほど遅れるというアナウンスがあった。欧米人はそんなとき泰然としているが、日本人は違う。あわてて土産物の売店に駆けつけ、買い残したものはないか免税品を漁《あさ》るのである。とにかく片時もじっとしていられない。こうしたせっかちな国民性はもしかしたら、農業というもっとも忙しく手間のかかる産業に長年従事してきたなごりなのかもしれない。

しかし最近の若い人たちの考え方は少し変わってきたという。会社よりも自分が大事、仕事を取るより自分の生活や趣味を取るとか。それはそれでけっこうだと思うが、一つだけ忘れてほしくない日本語がある。それは「いそしむ」という単語である。

「いそしむ」とはもともと「急ぐ」「忙しい」などと親戚《しんせき》関係にある言葉のようだが、いそいそと仕事や勉強に取り組む人の姿が浮かんでくるような言葉だ。和英辞典を引くと、「いそしむ」はつまり「励む」の意でendeavorと書いてあるが、「励む」と「いそしむ」は意味が少し違う。「励む」はガムシャラに働くことだが「いそしむ」は働きながら、働くことに喜びを見いだしているというニュアンスがある。日本人は働くことをことのほか愛する。だからこそ「いそしむ」のような言葉ができるわけで、いかにも日本語らしい単語である。

さて寸暇を惜しんで何かをせずにいられない、という点では実は私も日本人の典型である。何かを待つ、というのが苦手で、テレビ局で出演を待つ間も、原稿用紙を広げてペンを走らせている。昔、中央線がまだ今のように高架でなく地上を走っていた頃、踏切がいつまでたっても開かないのに業をにやして、踏切番に「そろそろあけたらどうです？」と言いにいき、踏切番と大喧嘩をしたこともある。せっかちな性分は死ぬまで直りそうにない。

「気」になる人間関係

ふだん私たちが会話をしていて、これは英語では何と言うのだろう、と思うときがある。そしてそれらの表現は、主として人と人との交わりに関する言葉が多い。

例えば「気にする」「気が置ける」「気がね」などの言葉に出てくる「気」。日本語独特の意味が含まれていて、これを英語に訳すことは難しい。「気遣い」と「心遣わ」と同じ意味が微妙に違う。「心遣い」の方が温かい気持ちの込もった意味に使われ、「気遣い」はもう少し軽い意味になる。「気を許す」「気を悪くする」「気づまり」というふうに列挙してみると、この語の持つ意味が何となく伝わってくる。「心」とも違う、自分と他者との間に言わず語らずのうちに伝わり合う、微妙な雰囲気とでも表現したらいいのだろうか。英語の mind, heart, mood などの単語を足し合わせた語ということになる。日本人はことのほか、この「気」を大切にしてきて、他者の領分を侵さないように、他者の機嫌を損じないように、他者との関係が良好に保たれるように、常に注意を払ってきたようだ。

次に断定の言い方を好まない、というのも日本語独特の表現だろう。学会などで日本人の学者が論文を発表すると、西欧人の間から「女性的で卑怯《ひきょう》な言い方だ」と批評されることがある。これは文末が「〜と言えないこともない」とか「〜と思われる」で終わり、はっきり断定する「〜だ」という言い切りが少ないからだ。これは少しでも自分の意見を婉曲《えんきょく》に表現することで、相手の気持ちを損ねたくないという思いが働いているからだろう。現に私なども拙稿の中でそうした文末表現を多く使うが、これは日本人の習い性のようなものかもしれない。これをいちいち英語で may be 〜とか will be 〜とか言い換える必要はないのかもしれない。

書き言葉だけに限らず、話し言葉の中でも同じようなことがある。日本人はよく語尾に「ねえ」という言葉をつける。これは相手の同意を求めている表現で、英語で言えば you know? にあたるだろうが、それよりも自然な感じがする。そのほかにも挨拶の言葉で「昨日は失礼いたしました」「どうぞ今年もよろしく」「日頃お世話になっております」「つまらないものですが」などの表現は、そのまま直訳しても、相手の外国人はまず首をひねるばかりだろう。

英語で表現できない日本語はほかにもある。「義理」「厄介」「人情」「迷惑」など、どれも独特の雰囲気を含んだ言葉だ。

昔、教育勅語というものがあって、我々は毎朝これを聞かされたものだが、その中に「恭倹己を持す」という一節があった。つまり常に人より一歩引いて慎み深くする。図々しくさしでがましい態度を取ってはいけない、そういう教えである。これなども欧米人から見ると、意味がよくわからないのではないか。

なぜ日本語ではこうした対人関係に関する独特の言葉が発達したのだろうか。おそらく、日本人がもともと農耕民族だったことと深いかかわりがあると思われる。隣人の助けなしには稲刈りも田植えもままならぬ社会では、そうした社会にいかに順応できるかが成功へのカギだったのだ。また仏教とキリスト教という宗教の違いも大きいかもしれない。

明治になって欧米の個人主義という思想が入ってきたときのカルチャーショックは、想像に難くない。「天は自ら助くる者を助く」という考え方はまさに青天の霹靂《へきれき》のようなものだったろう。北海道大学に教えにきたクラーク博士から、

「Boys, be ambitious!」

と言われ、教え子たちは目を白黒させた。なぜなら「野心を抱け」という言葉は明智光秀《あけちみつひで》の謀叛《むほん》を連想させるような言葉で、人間社会の秩序を乱す悪い言葉と見なされていたからだ。従ってこの言葉は「大志を抱け」とだいぶおとなしい表現に変えられてしまった。

しかし戦後になって、欧米の思想はごくあたり前のものになり、「分をわきまえろ」などという教えの方が古くさくなってしまった。「自立」「脱サラ」「フリーター」などという新語がマスコミを賑《にぎ》わし、人間関係のしがらみにとらわれない、新しい生き方が拍手喝采《かっさい》をもって迎えられる時代へと変わってきたのである。

ただ、日本人の考え方はそんなに根本から変わってしまうものではない。英語に訳しにくい日本語の表現は、まだまだこれからも増えていくことだろう。

「きまりが悪い」のはどんな時？

六月と言えば「ジューンブライド」。この月に結婚すると花嫁は幸せになるらしい。昔は梅雨時に結婚式なんて、と敬遠されたのに、今はそうではないと聞く。変わったのはそれだけではない。昔は花嫁は恥ずかしそうにうつむいて、お祝いの言葉にもろくろく返事もできなかったものだが、今は大きな口を開けて笑っている。そして結婚式で泣いているのは花婿だったりするから、本当に時代が変わったものだと思う。花嫁だけが恥じらいを失ったのではない。どうやら日本人全体が「恥」という概念を忘れかけているような気がする。

もともと日本語には「恥ずかしい」という言葉を表現する語彙《ごい》が多い。「きまりが悪い」「みっともない」「ばつが悪い」「間が悪い」「かっこうがつかない」「引っ込みがつかない」「照れる」「はにかむ」などなど、枚挙にいとまがない。日本人にとっては「恥をかかぬように」というのが、日常生活の規範だったのだ。「罪」とか「罰」という概念の代わりに、他人から後ろ指を指されないような、恥ずかしくない振る舞いをしなくてはいけない、と子供の頃から教わった。

しかしこの「恥ずかしい」という言葉の本当の意味は、なかなか外国人には伝わらないようだ。以前、アメリカ人のご夫婦に会ったとき、あまりの仲のよさに思わず「あてられちゃいますね」と言った。しかし、何と言ったのか通訳せよ、と聞かれて通訳の人は返答に困っていた。「恥ずかしいという意味だ」というと、どうして他人の仲のいいのを見ると、あなたは恥ずかしくなるのか、と怪訝《けげん》な顔をする。まことにごもっともで、なぜこっちが気恥ずかしくならなきゃいけないのか、日本人の特別な精神性、としか言いようがない。

また「きまりが悪い」というのは、どういうときに使うのか、とアメリカ人に質問されたことがあった。私は一つの例として、こんな話をした。朝、私が家から勤めに出かけようとする。そのとき、隣の奥さんが道で掃除をしていたので、「おはようございます」と丁寧に挨拶を交わした。ところが途中まで行って忘れ物をしたのに気がついた。あわてて家に戻ろうとしたとき、隣の奥さんはいなかった。家に忘れ物を取りに入って、また表に出ると、奥さんと再びバッタリ会ってしまった。こんなときこそ「きまりが悪い」思いをするんだ、と説明した。すると、そのアメリカ人は何でもないという顔をして、「そんなときはこう言えばいいんです。さっきあなたは私の双子の兄に会いませんでしたか」と教えてくれた。

日本人がこれほどまでに「恥ずかしがる」のは、欧米人のようなユーモアの精神がないせいかもしれない。ことをきまじめに考えすぎてしまうのだろう。しかしまた恥を尊ぶ民族だからこそ、独特の美意識が生まれ、それを基盤にして清らかで謙虚な生き方、努力する姿勢、忍耐する心などが生まれたのだと思う。

そんな日本人が最近は「恥も外聞もなく」という状態になってきてしまった。電車の中では若い女性が平気でお化粧をするし、アベックが昼間からいちゃついていたりする。こちらとしては目のやり場に困ることが多い。ついでに言えば、この「目のやり場に困る」というのもいかにも日本人的な表現である。そのうちみんなが「面の皮が厚く」なり、平気になってしまえば、死語になる日も近いかもしれない。

あの人は常識がない？

常識という言葉を辞書を開いて調べると、「一般の人が持っている、また、持つべき知識・理解力・判断力」といった解釈をしている。

ただ、私個人の解釈を言うなら「社会生活を営むうえで、当然知っている、と予想される知識」となるかもしれない。この「当然知っている、と予想される」というところがこの言葉の難しいところだ。つまり、個人個人の考え方や生きてきた環境が違えば、この「当然知っている、と予想される」内容も少なからず違ってきてしまうからだ。

私の父、京助は東北の岩手県出身、母は生粋《きっすい》の江戸っ子だった。この二人はしょっ中意見が衝突していたが、それは正月の雑煮は何を入れるか、といった大変ささいなことから始まっていた。父は絶対鮭の子を入れなくては正月のめでたい気分は味わえない、と言い、母はお雑煮にそんな生ぐさいものを入れるなんて聞いたことがない、と反論する。

つまり、父にとっては雑煮には鮭の子を入れる、ということが「常識」なのであり、母にとっては入れないことが「常識」なのである。そしておたがいに自分の「常識」が正しいと思い込んでいる。相手も自分と同じ考え方をするはずだ、と予想し、それが外れると、「あの人は常識がない」という言い方をする。つまり「常識」とは大変個人的な考え方の尺度だ、と言えると思う。

「世間」という言葉がある。これを英語に訳すと world になるが、「世界」と「世間」はちょっと違う。「社会」とも似ているが、受ける感じはやはり違う。土居《どい》健郎《たけお》氏の『甘えの構造』によると、日本人の生活は一番内側に身内の世界があり、これは遠慮がいらない。その外側に世間があり、そこでは窮屈な心遣いをすべきである。そしてその外側に全く遠慮のいらない他人の世界があると考えられてきたのだそうだ。日本人にとって「常識」が大切になるのは、この「世間」の世界である。ここでは身内の世界で学んだ「常識」がいろいろな形で試されることになる。「世間さまに笑われる」とか、「世間に出て恥をかく」というような言葉はいかにも日本的だ。

しかしこの「世間」から抜け出して、まったく他人の世界に行ってしまえば、「常識」はそれほど大切ではないという考えになってしまうようだ。日本人は公徳心がないとよく言われる。公園や道路に空きカンを投げ捨てたりするのは、この辺に原因がありそうだ。「旅の恥はかきすて」などとも言う。誰も知っている人がいなければ、何をしてもいいというわけであろう。

英語では、「常識」を common sense と訳す。しかしこの場合のニュアンスは、「判断力」に近い。小泉八雲の書いた『怪談』の中に「むじな」というのがある。ある寺の高僧が、夜な夜な庭の奥にそなえるものを持っていく。どうしたのかと猟師が聞くと、毎晩庭に仏さまが出現するのだと言う。ある晩、仏さまがまた現れたとき、猟師が鉄砲を放つ。腰をぬかさんばかりに驚く高僧の前に倒れていたのは、一匹のムジナだった。高僧よりも、むしろ教養のない猟師の方が、common sense があった、という話だが、この場合などまさに「判断力」という訳し方が合っていると思う。

しかし、欧米にも我々のような社会生活を営むうえでの「常識」というのは当然ある。そしてそれは日本人の「常識」としばしば食い違うのもおもしろい。例えば、私があるアメリカ人に大変世話になって、その次にその人の妹に会った。彼にはとても世話になったのでよろしく伝えてください、と頼んだ。日本人なら至極あたり前のことだ。ところがその妹はつっけんどんに、私と兄とは別々の人間で関係ない。そのようなことを頼まれるのは迷惑なことだ、と言うのでびっくりした。アメリカ人にとってはそんなことを言われるのは、常識外れということらしい。私はつくづく難しいものだと思った。

「郷に入れば郷に従え」という。つまり、「常識」というのは、そのくらい地域や家庭によって違う、ということだ。逆に言えば「常識」とは、必ずしも普遍的な知識ではなく、また合理的ですぐれたルールというわけでもないのである。

ただし、「常識」ばかりを振り回す人、というのもちょっとつきあいづらい。けっして自己弁護するわけではないが、ちょっと「常識」に欠ける面のある人の方が愛《あい》嬌《きょう》があっておもしろい。俗に「学者バカ」というが、私の父などはその典型だった。

あるとき、結婚披露宴に招かれたのに日にちを間違えて、次の日に出かけていった。偶然にも同じ苗字《みょうじ》の家が披露宴をやっていたので、堂々とそこに出席してしまった。来られた方はさぞや驚いたことだろうが、父の顔が知れていたためか、空いていた席に案内されたらしい。父は花ムコの顔を見て、全然知らない人だったので驚いた。そして料理を配りにきた人に聞くと「その方のは、昨日終わりました」と言われ、エッと絶句して立ち上がり、そのまま帰ってきたという。

考えてみればずいぶんと常識外れのことをしでかしたものだが、それでも誰も父を非難する人がいなかったのは、わずかでも人徳があったということだろうか。その点だけはあやかりたいと思っている。

2　よくも悪くも日本人

恋すると悲しくなる民族

明治の初め、海外の小説を二葉亭四迷《ふたばていしめい》が訳したとき、ハタと困ったせりふがあった。男と女が向き合って「アイラブユー」とささやき合う。ところが男はともかく、女がそういう言葉を口に出すことは当時なかった。もしも口にするような女性なら、蓮《はす》っ葉《ぱ》な教養のない女、ということになる。彼は、二日間考えたあげく、思いついた言葉は「死んでもいいわ」だったそうだ。

日本語の心理的表現で、一番種類の少ないものは恋愛に関する語彙だという。フランス語、スペイン語などは、愛の表現が無限といってよいほどあるそうだ。ヒンディー語やタイ語でも、日本語に訳せば歯の浮くような恋愛表現を平気で口にするという。河盛好蔵《かわもりこうぞう》氏によると、欧米の小説を翻訳するとき、一番スラスラゆくのは自然描写であり、一番へたなのは恋愛の場面だという。

それでは日本人は恋愛に関心が少なく、自然だけを愛《め》でる民族かといえばけっしてそんなことはない。例えば百人一首を読んでみると、恋に関する歌が非常に多いことに気づかれるだろう。

昔は恋の言葉こそ口にしなかったが、その代わりに熱心にラブレターを書いた。もちろん通信手段として手紙しかなかったこともあるが、逢《あ》った後は必ず手紙を送ることが一種のたしなみでもあったからだ。

百人一首には恋に関する歌が四〇首くらいあるが、不思議なのはそのうち失恋を歌ったものが三八首もあることだ。

忘れじの行末までは難《かた》ければ今日をかぎりの命ともがな

という歌があるが、いつまでも一緒にいたいというあなたの言葉はあてにならないので、もうこのまま死んでしまいたい、という意味だ。また、

逢ふことの絶えてしなくはなかなかに人をも身をも恨みざらまし

これは、あなたに逢うことさえなければ、人を恨んだり悲しんだりすることもしないですんだのに、と何となくあてつけがましい。欧米人だったら「あなたのことを思い出して今夜はうれしくて眠れない」などともっと素直に恋の喜びを表現するだろう。これはどうも日本人の悲劇好きと関係があるらしい。

日本の古典を読むと、悲しい意味の単語がやたらに出てくる。

「あじきなし」「うし」「うたてし」「うらめし」「つらし」「わびし」……。

こういう言葉が次から次へと出てくるが、結局これらは思うようにならない、という意味である。こういう形容詞が多かったということは、文学作品に悲しいものが多いことを表している。これに対し、英語では「喜び」や「楽しさ」を表す語が多い。joy, gladness, delight, pleasure, enjoyment, happiness, amusement など、限りがない。

つまり日本人は恋をするにしても、それが叶《かな》った喜びとか、相手に対する甘い思いを歌にするよりも、もしかしたら相手を失うかもしれない恐れとか、自分の気持ちが周りに知れてしまう戸惑いとか、そんな悩みを好んで歌にしている。その方が歌にしやすい、ということなのだろうが、この伝統は今でも続いていて、歌謡曲に出てくる単語には「泣く」「涙」「未練」「濡《ぬ》れる」といった言葉が多い。

話をもとに戻すと、とにかく平安朝の頃の人が恋文にかけるエネルギーたるや大変なものがあったようだ。『源氏物語』では、ただ一首の歌を届けるだけで、須磨《すま》から京都まで使いのものを送っている。また、絵巻物を見ると、十二単衣《じゅうにひとえ》の女性が立てひざをして、恋文に香をたきしめている姿が描かれているが、恋文をもらった相手はそういう情緒てんめんとしたシーンを思いおこして、ますます相手に対する思いを強くしたに違いない。

私がうらやましく思うのは、本人はそのつもりがないのに、歌は後世まで残っていることだ。例えば、

長からむ心も知らず黒髪の乱れてけさはものをこそ思へ

という歌がある。あなたの愛は真実なのでしょうか、私の心は乱れています、という意味だが、この時代に肉体の一部である黒髪という言葉を使うことは、非常に大胆な試みで、今で言えば女性が自分のヌードを公開するのと同じくらいの勇気が必要だった。この歌の作者の待賢門院堀河《たいけんもんいんほりかわ》という女性は、鳥羽《とば》天皇の皇后に仕えていたということしかわかっていない。だがこの歌から黒髪の豊かな、情熱的で美しい女性を想像する。後世の人たちの想像をかきたてながら、一首の歌とともに彼女の名前は永遠

に残るのだ。
今の時代、これだけの作品があふれているが、後世に残るのはどのくらいだろうか。
そう考えると、私は誠にうらやましい気がするのである。

アメリカ人じゃあるまいし

日本人にはユーモアのセンスがない、とよく言われる。これだけお笑い番組が氾濫《はんらん》している状況を見ると、けっしてそんなことはないと思うが、例えば首相の所信表明演説など聞くと、始めから終わりまで大まじめである。アメリカの大統領のスピーチを聞くと、随所にウイットに富んだ表現が入っていて、満場の笑いや拍手をあびながら楽しそうに話している。こういうのを見ると、やっぱり日本人はまじめな国民性なのかと思わざるをえない。

イギリスではユーモアというのがとても大切な資質とされ、社員を採用するときの条件の一つとして「ユーモアのセンスがある人」というのが入っているという。これはいつもおもしろいことを言って周りを笑わせる人という意味ではない。たとえ危機にひんしたときでも、心の余裕を失わずに正しい判断ができる人、ということだ。アメリカのパニック映画を見ていると、ギリギリの土壇場に追いつめられた主人公が、ふと軽い冗談を言って周囲の緊張をゆるめる、そんなシーンがたびたびある。ユーモアのセンスがある人、とはそういう人を指すらしい。

日本人はとかくそういう場面では、頭に血がカッカと上り、冗談でも言おうものなら、「ふざけている場合か！」とどなられてしまいそうだ。特に、先の大戦当時は、軍人と言われる人たちはやたらにまじめで、彼らの前では笑うことさえ禁物だった。

しかし日本でも『平家物語』に登場する武将たちを見ると、イギリス人のユーモアに匹敵する余裕を持った人を見つけることができる。壇の浦の合戦で、平家一族は源義経の軍勢に滅ぼされるのだが、源氏の白旗に周りを取り囲まれ、もはやこれまでという切迫した状況になったとき、平知盛《とももり》は泣きすがる女性たちに、「これから珍しき東男《あずまおとこ》をお見せいたしましょう」と平然として笑ったという。これなどはすばらしいユーモアである。おそらくこの時代の武将たちは、独特の美意識を持ち、どんなときも見苦しくないようにという気持ちがあったのだろう。それがユーモアにつながったのだと想像できる。

しかし一般庶民も昔から笑うことは大好きだった。ユーモアというよりも、もっと小粒な笑いになるが、一種のトンチを愛していた。「ものはづけ」という言葉遊びがある。これは「○○なものは……」と例を挙げて、それに後の句をつけて遊ぶもので、『枕草子』では「遠くて近きものは」ときて「男女の仲」と続く。江戸時代には前句づけというものができて、

「切りたくもあり切りたくもなし」

に対して、

「盗人を捕えてみれば我が子なり」

あるいは、

「硯箱《すずりばこ》わずかにあまる筆の先」

というように上の句をつけるのがはやった。これも「ものはづけ」の変型である。こうした言葉遊びは今もテレビ番組の「笑点」などで盛んに遊ばれている。

これから派生したのが「ナントカじゃあるまいし」という言い方だ。「アシカの生まれ変わりじゃあるめえ。なんで一日寝そべっているのだ」という一節が岡本綺堂の『権三と助十』の中にあるが、この「あるまいし」は日本人の大好きな表現方法だ。夏目漱石の『坊っちゃん』の主人公はその愛用者で何かというとこれを連発している。

「みんな申し合わせたようにおれの顔を見た。見せ物じゃあるまいし」

「教頭一人で借り切った海じゃあるまいし広いところだ。カツオの一匹ぐらいはかかるだろう」

こうした表現は落語界でも健在だ。

「上げ潮のゴミみたいにあっちこっちに引っかかって、早く家に帰ってきたためしがないんだから。

いくら急いでるからって、玄関を駆け上がってくるんじゃないよ。ニワトリじゃあるまいし」

この「○○じゃないんだから」とか「○○みたいに」の部分がいかに奇抜で、それでいてどこか通じるものを持ってくるかが勝負で、長らく、テレビで人気のタモリやビートたけしのおしゃべりはこの使い方がとてもうまい。頭の回転が速いのだろう。

しかし笑いの内容を見ると、日本人は欧米人に比べて淡白であるように思う。例えば猥談《わいだん》にしても、『今昔物語《こんじゃくものがたり》』とか、『古今著聞集《ここんちょもんじゅう》』などにたくさん集録されているが、どれもみんなでゲラゲラ笑うような内容にとどまっている。外国の『千夜一夜物語』やギリシャ神話に出てくるような、スケールの大きさや話の奔放さはない。ましてブラックユーモアと言えるようなものは皆無である。そのあたりも、やはりサラリとした笑いが好きな国民性なのかもしれない。

絶対口にしてはいけない言葉

古典落語に大層縁起をかつぐ大店《おおだな》のご主人の出てくる話がある。正月に餅《もち》を食べていたら、中から釘《くぎ》が出てきて「新年早々とんでもないことだ」と怒り出すと、気のきいた奉公人が「餅の中から金が出たということは、金持ちになる吉兆です」と持ち上げたので、すっかりよい気分になる。そこへ田舎者のゴンベエというのが現れて「金の中から餅が出りゃあ金持ちだけんど、餅の中から金が出たつうことは、身上《しんしょう》持ちかい、ねるっちゅうこったべ」と言ってぶちこわしてしまう話だ。

この主人は極端なタイプだが、日本人は文明人にしては珍しいほど、言葉に対する素朴な畏敬《いけい》感を持っている。「言霊《ことだま》」信仰といって、言葉には不思議な魂が込もっており、その言葉を口にしただけで、よい事や悪い事がおきるとされた。

今でもその習慣は残っており、「忌《い》み言葉」とされるものがそれだ。結婚式などのめでたい席では絶対口にしてはならない言葉はたくさんある。例えば二度繰り返す言葉、「重ねがさね」とか、「返すがえす」などはダメ。また、「返る」「去る」「戻る」なども夕ブーである。「スリバチ」を「アタリバチ」と商家では呼び、理髪店に行くと「ヒゲもあたりましょうか」という言い方をする古い職人もいる。地方に行ったら、スリッパを「特売アタリッパ一足二〇〇円」とあったのには思わず笑ってしまったが。

病院に行くと、花屋で売られている花に「シ」は禁物らしく、「シクラメン」は「サイクラメン」に変わっている。こうした外来語まで変えてしまうのは、いかにも日本人らしいこだわりの強さである。数字の「四」と「九」を嫌うことは今でも変わらず、ホテルや病院の部屋にこの番号はない。電話番号でこの番号を引いてしまうと大騒ぎだ。ある人が「四九八九」という番号をもらって、「四苦八苦」なんて冗談じゃない、と怒ったら焼き芋屋が「よく焼く」でちょうどいい、と喜んでもらった、という笑い話もある。養蚕農家ではカイコの敵であるネズミを嫌い、口にするだけで出てくることを恐れて「嫁が君」と言うそうだ。

しかしこれとよく似た習慣は欧米にもある。スペイン語で蛇は culebra というが、この言葉を口にしただけで出てきそう、というわけで、ラテン語の「這《は》うもの」を意味する serpent のような語に変えられた。熊という語がヨーロッパの言語の中には見あたらないのも、同じような理由からである。英語で熊を指す bear は元来「褐色のもの」という意味で、ロシア語で今熊の言葉に使っている語はмедведьで「蜜を食べるもの」の意だという。

セジャー島という島では、クリスマスと新年の間には鼠とか蚤《のみ》という語は禁じ言葉になっており、ユトランドの子供はシラミという言葉は「むやみやたらに増えるから使うな」といましめられているという。これらは「言霊」思想の外国版と言えようか。

さて、こうした「言霊」思想は、日本に古くから伝わるものであるが、科学の進んだ現代ではすでに滅びつつあるかと思いきや、けっしてそうではない。

受験生の前では「すべる」「落ちる」などの言葉はいわゆる「忌み言葉」になっている。いつだったか大型の台風が青森に襲来したとき、名産のリンゴが被害にあったが、なかで「台風でも落ちなかったリンゴ」が受験生への励ましのプレゼントになった、なんていう話を聞くと、多少商魂がからんでいるとはいえ、日本人はこうした縁起かつぎが本当に好きな民族のように思える。正月には今でもおせち料理を食べる習慣がある。あれに登場する「数の子」は子孫繁栄を祝って食べるものだし、「昆布《こぶ》巻き」は「喜ぶ」から来ている、どんなに食生活が変わっても、正月だけはこうした縁起かつぎの食物をとるというのも、日本人だけかもしれない。

しかし、平和な時代にこうした一種の言葉遊びをやっている分には罪はない。戦争中、日本は「言霊の幸《さき》わう国」と言われて、よいことを言えば戦争に勝つかのように思われていた。「神風が吹く」とみんなで念じれば、本当に神風が吹いてアメリカの艦隊が沈むと、まともに考えていた人もいたのである。こんなとき「もしも日本が負けたら……」と口にしようものなら、「きさまは日本が負けることを望んでいるのか！」などと血相を変えて怒り出す人がいた。

あんな愚かな時代には二度と戻りたくないものだ。

闇夜の悪口

灯ともし頃ともなると、駅前の飲み屋はサラリーマンでいっぱいになる。彼らの話題はたいがい他人の悪口。それも直属の上司に対するものが多い。焼き鳥や刺身よりも、人の悪口はお酒の格好のつまみのようだ。

さて、こうした悪口とは別に、我々が腹を立てたときに口にする言葉、いわゆる悪態について調べてみると、日本語には大きな特色がある。「馬鹿」「阿呆《あほう》」「間抜け」「トンマ」「コンチクショウ」「クソ」と並べてみるとわかるが、この中で下半身に関したものは「クソ」ぐらいしかない。後は、およそ意味のない、支離滅裂なものばかりだ。

　これに対し、外国の悪口、悪態は大変えげつない。我々が口にするのもはばかられるような、性に関する言葉のオンパレードだ。アメリカでは、車を運転していてぶつかりそうになると、必ずこうした言葉を相手にぶつけるという。こうした悪態がいっぱいあるということは、やはり牧畜民族であったなごりだろう。小さいときから羊や牛が交接するのを目のあたりして育てば、性に関する言葉にも、あまり抵抗がないのかもしれない。

　アイヌ語にも、下半身に関する悪態はいっぱいあり、日本語とは全く違う。やはりアイヌ人も、肉食を常としてきた民族だからだろう。明治の日本を世界に紹介したポルトガルの軍人モラエスは、日本語に侮辱や下衆《げす》の言葉がなくて、もっとも下品な言葉が「馬鹿」だということに感心している。

　しかし、日本人がそれでは慎み深い、人の悪口など言わない民族かといえばけっしてそんなことはない。井原西鶴の『世間胸算用《せけんむなざんよう》』巻四の「闇の夜の悪口」には、大みそかの夜に京都の祇園《ぎおん》神社の境内には参詣《さんけい》人が大勢集まり、悪態のつきくらべをするという行事があったという。

「おのれはな、三か日の内に餅《もち》がのどに詰まって、鳥部野《とりべの》へ葬礼するわいやい」

と言えば、

「おのれが姉は、襠（脚布）せずに味噌《みそ》買いに行とて、道で転びおるわいやい」

と言い返す。こんなことを言い合ってみんなでドッと笑い合ったという。

こういう風習は明治以降も各地に残っていたようで、茨城の愛宕《あたご》神社や、和歌山の村社など、「悪態祭」は盛んだったとか。

また、『東海道中膝栗毛』に出てくる大阪淀川《よどがわ》の「喰《く》らわんか舟」の船頭は、お客に向かって天下御免の悪口を言いつつ、飲食物を売るのが名物だった。夜店のバナナの叩《たた》き売りの口上に、多少この面影が残っている。

またお芝居でも悪口雑言を言い合うだけ、というのがけっこうあって、歌舞伎の『助六』などがそうだ。主人公の助六が相手の刀を抜かせるために、わざと怒らせようと言うせりふ、

「つらはりきんで惣白髪、髭《ひげ》があって、しかも団十郎に似た蛇だ。この蛇が変わったことの、毎晩毎晩女郎に振られても、恥を恥とも思わず通いつめる執着の蛇だ、こいつが時おりふし伽羅《きやら》をたくだ。何のためにたくかといえばそいつが髭に虱《しらみ》がたかる。伽羅は虱の大禁物、人目に到りと見しょうとは、イヤきゃらっくせえやつだ」

と、さんざん馬鹿にする。意休《いきゅう》もまた、
「とかく廓《くるわ》に絶えぬが地廻《じまわ》りのぶうぶう、耳のはたの蚊も同然、手の平でぶっつぶすぞ。したが蟲《むし》のこと、何を言っても馬の耳に風。ままよ、蚊遣《かや》りに伽羅でもたこうか」

と言いたい放題だ。この二人だけでなく登場人物の太夫《たゆう》や門兵まで全員が悪口を言い合って終始するという芝居である。

こうしたものが受けた理由は、やはり庶民にとって何よりのストレス解消になったからであろう。当時の封建社会にあって、最下級の人は常に上の人の顔色をうかがい、言いたいことも口にできない状況にある。彼らにとって、登場人物の悪態は、自分たちの思いのたけを晴らしてくれるものだった。そして「悪態祭り」が盛んだったのも、その日に限ってはどんな悪口を言おうとも、支配階級は聞こえぬふりをしてくれる。一年の終わりに言いたい放題することで、ストレス解消ができたということだ。

現代では誰しも自由に天下の悪口を言うことができる。それではみんなが堂々と相手に言い立てているかといえばけっしてそうでもない。車がぶつかりそうになっても、窓を開けてどなる人は欧米ほどには見あたらない。おそらくそれは日本人の「和」に対する意識、とりあえずことを荒立てたくないという気持ちが働いているからだろう。

その代わり、本人のいないところでは、悪口は盛んに出てくる。そして、日本人社会では、いくら悪口を言っても、それが本人の耳に伝わる心配はまずない。暗黙のうちにここだけの話、という協定ができているからだ。

しかし欧米人から見ると、この習慣はとても奇妙なものらしい。アメリカ人も社員として働くある企業で、彼を含めて飲み会が行われ、みんなで上司の悪口を言い合って盛り上がっていたら、いきなりアメリカ人が「なぜそうした問題があるなら直接言わないのか。言えないのなら私が明日彼に問題提起をする」と言い出して、一同あわてたという。確かにアメリカ人の言うことは建設的だが、日本人はとりあえず悪口を言うことで胸のつかえを下ろし、なおかつおたがいが上司の悪口を言い合う秘密を持ったことで、仲間意識を強めているのだ。

悪態の種類はまことにあっさりとして、毒のないものが多いが、その言い方となると少々陰湿でずる賢い、これが日本人の悪口の特徴のようだ。

コラム2 古語辞典を楽しく引くコツ

古典は読みたいけれど……

日本は文学がきわめて盛んな国である。毎年作られる文学作品の数は厖大《ぼうだい》なうえ、その種類の多いことも世界に類を見ない。

歴史的に眺めてもそうで、日本の建国の神話は一つの立派な文学だし、その神話に登場する神さまや英雄もすぐれた詩を作っている。平安朝に紫式部の書いた『源氏物語』は世界で最も古い小説だと言われているし、江戸時代に芭蕉が始めた俳句は、世界で最も短い形の詩である。

ある人の名前を聞くとこんな顔をした人ではないか、とかってに想像してしまうが、実際に会ってみると、予想したとおりの顔をした人はいないものだ。これは兼好法師という人が『徒然草』の中で書いているが、私たちも日頃思うことを七〇〇年も前の人が感じていたのかと思うと、昔の人が慕わしくなる。

鎌倉時代に書かれた『今昔物語』という本は、冒険物語、恋愛物語に始まって、推理小説、ユーモア文学、怪談などおもしろ小説の宝庫とも言うべき短編集で、読み出したら止まらなくなってしまう。

しかし昔の文学作品は、惜しいことに今使われなくなってしまった言葉遣いや風俗、慣習などが随所に出てくるために、すらすらと読み通すことは大変困難である。これは考えてみれば当然である。『源氏物語』にしても『枕草子』にしても一一世紀頃に作られた作品である。イギリスではチョーサーという人の作品が代表的な古典になっているが、それでも一四世紀の作品で、日本に比べたらいささか新しい。それをイギリスでは大学で勉強しているのだ。日本ではそれよりもっと昔にできた作品を、中学校や高校で読もうというのだから大変である。

そういう人たちのために作られたのが古語辞典である。学生だけでなく、大人になっても古典をひもといてみたいという人はぜひ古語辞典を活用してほしい。大人になって人生をある程度経験して、初めて作者の本当の気持ちがわかる、ということもあるからだ。

長い見出しで探すのが近道

でも古語辞典の使い方がわからない。そんな人のために方法を教えよう。

例えば『徒然草』を開いてみると、最初に「つれづれなるままに日暮らし硯に向かいて……」とある。この場合どこで文章を切っていいのかわからないかもしれない。これを全文引くことはできないから、まず「つれづれ」という項を辞書で探してみる。するとこの訳が載っていて、「することもなく所在ない様子」と出てくる。そして文例として『徒然草』の冒頭の文章が出てくるはずである。『枕草子』を読むと、「すさまじきもの」という段が出てくる。今は「凄《すご》いもの」というように解釈されるが、清少納言が生きていた頃は違っていた。辞書を引くと、いろいろな用例の中に『枕草子』の例が載っていて、「つまらないもの、興ざめなもの」という解釈が出てくる。このように、よほど特殊な作品は別として、大概の有名な作品は、古語辞典に網羅されているので、文章の一ヵ所でも調べると、手がかりがつかめるようになっている。

ただし使い方のちょっとしたコツがあるとするなら、なるべく長い見出しで探すことだ。「こころにもあらず」「かかりしかども」といった語句もちゃんと載っているし、そうした語句の解釈がわかると、文章の微妙なニュアンスがよく理解できて、俄然《がぜん》おもしろくなる。

昔学校で、下二段活用は「け、け、く、くる、くれ、けよ」などと、舌をかみそうな活用法ばかり覚えさせられた人たちにとっては、古典と聞いただけで頭が痛くなるから勘弁してくれという人も多そうだ。しかし古典のおもしろさや楽しさは本当に奥が深い。辞書を気楽に使って、そうした先人の残した作品に触れる機会を多く作っていただきたいと思っている。

第5章

言葉の背景を学ぶ

1　変わるものと変わらないもの

世界で一番植物の名が多い国

パイク氏の試みが失敗したわけ

日本語にはおびただしい数の木の名・草の名がある。大槻文彦《おおつきふみひこ》氏の編集した『言海』を開いて、これは植物の名ばかりではないかと言ったという外国人の話がある。

日本語に植物の名の多いのは、まず日本に植物の種類、ことに木の種類が豊富なためである。荒垣秀雄《あらがきひでお》氏の『老樹の青春』によると、ドイツやスイスで、木のリストを作ると、一枚の小さなカードに収まってしまうそうだ。イギリスで林と言えば、アカマツ林、ナラ林、ブナ林、カンバ林の四種類しかないという。この頃カナダの東側の紅葉の美しさが評判であるが、紅《あか》ひといろのきわめて単純なものだ。日本の紅葉は、紅あり、黄あり、橙《だいだい》ありで、古来、「もみぢの錦《にしき》」と称せられていたのは木の種類の多いことを物語る。

樺島忠夫《かばしまただお》氏の編になる『事典日本の文字』の中に、国字を集めた欄があるが、最も多いのは魚偏の文字で、第二は木偏の文字である。これからも、日本は、魚の国、木の国であることが知られる。実際に、中国の北京に行ってみると、町で目につく木は、タチヤナギ、シダレヤナギとエンジュの三種類がほとんど全部である。大連《ターリエン》から瀋陽《シエンヤン》の方へ行くと、アカシアばかりがむやみに多い。

植物図鑑の類《たぐい》を見ると、何々ジャポニカという植物が多いのに気がつく。これは日本でできた図鑑に限らない。手もとにロンドンで刊行され、世界に広く読まれている Michael Wright の Garden Plants という図鑑があるが、何々ジャポニカという、あるいはジャパニーズ何とかという植物がたくさん載っている。Fatsia Japonica はヤツデ、Japanese Ivy はツタという類である。日本語がそのまま学名になっていたり、通用名になっているものもある。Magnolia Kobus はコブシに由来し、Katsura tree はカツラそのままである。サツキ、クルメなどのツツジの品種名は、日本語のままで国際的になっているようだ。

しかし、日本語に植物名が多いのは、日本に植物の種類が多いせいばかりではない。日本人は古来植物と縁が深く、植物に関心が強いためである。木造の家に住み、畳の上に座り、麻や木綿の着物を着、木製の椀《わん》に入れた野菜を木の箸《はし》で食べる生活をしてきた日本人として、それは当然である。

日本人の植物についての関心の深さを痛感したのは、昭和三〇年頃、アメリカの言語学者K・L・パイク氏が、日本に来て東大の大教室で行った講演を見聞きしたときだった。

パイク氏は、自分の知らない言語を話す人と、二時間ばかり対談して、その言語の音韻体系と文法体系の大体をマスターする方法というのを実演してみせた。パイク氏は日本語は知らないということなので、日本では外国語を話せない国文学科の女子学生を、日本人の代表として、ステージに送り込んだ。

パイク氏は、まず学生にアオキの葉を見せた。学生は「アオキの葉」と言った。氏は「アオキノハ？」とたずねた。学生は「ハイ」と答えた。彼は、黒板に、

「aokinoha　leaf
hai　yes」

と書いた。よかったのはここまでだった。次にツツジか何かの小さな葉を見せた。学生はそばへ寄ってしばらく眺めていたが、「わかりません」と答えた。と、パイク氏は、

「wakarimasen　small leaf」

と書き、先刻の aokinoha というところを、big leaf とあらためた。聴衆の間から笑い声がおこったが、氏は気づかず、そのまま問答を進めていったが、この失敗がたたって、最後まで望ましい結果が得られなかった。

彼は「わかりません」という日本語を「小さい葉」の意味と解したのだった。おそらく氏の経験では、大小二種の葉を示せば、従来接した外国人は、必ず「大きい葉」「小さい葉」と言った、日本人もそう反応すると思ったのであろう。しかし日本人は違う。突然「木の葉」をつきつけられて「葉っぱ」と答えるような人はいない。その木の種類を聞かれたのだと解して「アオキの葉」と答える。次に小さい葉を示されれば、その種類を考え、知らない木の葉なら、「わかりません」というのが定石である。葉を見せられて、ただ「葉っぱ」と答え、また「大きい葉っぱ」「小さい葉っぱ」というように言い分けるのは、小学校へ上がらない子供の話で、大人になったら、木の種類を答えようとするのが日本人である。

トランプのハートのクイーンは、手に花を持っている。茎の頂上に、四弁の花が一輪ついており、茎の両側には小判形の葉がみっしりついている。私は子供の頃からあの花は何だろうと思っていた。大人になってから、アメリカ人に聞いてみたら、ただ

「花デス」と言うだけで何の花かは言わない。

私は今にして思う。もし、日本人だったら、ああいう場合、バラの花とかユリの花とか種類を決めて描こうとするだろう。何の花かわからない、ただ花らしいものを描いてそれでいいとするのは、日本人の場合、これも小学校へ上がらない子供のすることである。

日本人はかくのごとく、植物に関心が深い。植物の名の多いのは当然である。

五二九種の名前を持つ植物も

日本語には、前に述べたように、植物の種類が多いが、これに比例して、植物の名がきわめて多い。一体どのくらいあるだろうか。

私の手元にある牧野《まきの》富太郎《とみたろう》博士の『新訂牧野新日本植物図鑑』には五〇〇〇種ばかりの草木が載っているが、日本の植物全体はとてもこんなものではない。苔《こけ》や草の類を合わせたら八〇〇〇ぐらいにはなりそうだ。大切なのは、これらにすべて日本語で名前がついていることで、例えばスミレの種類に対して、コスミレ、ツボスミレ、シロバナスミレ、エゾスミレ……というようなぐあいである。これをかりに「標準和名」と呼ぶ。

これらは、植物学者が正式な学問上の名前としてつけたもので、一般の通用名とは必ずしも一致しない。我々が普段ツキミソウと呼んでいる植物は、標準和名はオオマツヨイグサで、牧野博士は「最近この植物をよくツキミソウと呼ぶが間違いで」とことわっている。北原白秋《きたはらはくしゅう》が、

「わが恋はオイランソウの香のごとし雨降れば濡《ぬ》れ風吹けば散る」

と詠んだ草花は、植物図鑑にはクサキョウチクトウという名で登録されている。パンジーはサンシキスミレ、ジェラニウムはテンジクアオイ、と言うような次第で、さらにツキミソウには、竹久夢二《たけひさゆめじ》以来のヨイマチグサと異名まであるので、このあたりで、また植物名はふくらむ。

異名のうちには、スズランをキミカゲソウと言ったり、タニマノヒメユリと言ったりするものもあるが、こうなると雅名と言うべきであろうか。また、アシをヨシと言い、ナシノミをアリノミと言うような、忌名もあり、これには病院でシネラリアをサイネリアと呼び、シクラメンをサイクラメンと呼ぶような近年の例も加わり、異名はまたけっこう多い。

これに、ケヤキは昔ツキと言った。ハハソはナラの古い言い方で、スイレンは昔ヒツジグサと呼ばれた、という類の古名を考えると、植物の名はさらに増える。しかし、

これが等比級数的に増加するのは、方言を考えた場合である。植物の方言を扱った文献としては、日本植物友の会が作った『日本植物方言集』というものが便利である。これは草木の部だけ見ても、この中には無慮一万四、五〇〇〇の植物名が掲載されている。

これによると、方言の数の多い筆頭はイタドリで、五二九種の方言を持っており、以下、ヒガンバナ、ツクシ、ジャガイモ、カタバミ、トウモロコシ、サルトリイバラ、オオバコ、オキナグサ、スミレ、ツユクサ、スカンポ、ドクダミ、ノブドウが続き、いずれも一五〇種以上の名を持っている。

柳田國男先生の説によると、方言の多いものは、子供の遊びの対象になるものか、もう一つ短期間に全国に広まった大衆的なものだと言う。イタドリやヒガンバナは前者の例、ジャガイモは後者の例であろう。

ところで、日本の方言植物名に対するとき、注意すべきは、方言の多さと同時に、違う植物が同じ名前で呼ばれていることの多さである。最も多いのは、ボンバナで、ミソハギをはじめとする二二種の草の名になっており、以下、タカノツメ、キツネノチョウチン、アメフリバナ、ウマゴヤシ、コマツナギ、カッコバナなどが続く。

この中には似た植物を一まとめに呼んだり、言語地理学のドーザ氏が言ったように誤って呼んだりしたものが多いであろう。アヤメ、カキツバタ、ハナショウブをカッコバナと呼ぶのはその例と思う。しかし、それより重要なものは、柳田先生が鋭く指摘されたが、我々がある名前を聞いた場合に、その名前が気に入ると、早速その名でどの植物かを呼んでみたくなる気持ちが原因になったものがあるだろうと思う。タカノツメやウマゴヤシはその例に相違ない。

『朝日園芸百科』を読んでいたら、サルスベリという名は、庭によく植える「百日紅」のほかに、リョウブ、ヒメシャラにもついているが、ヒメシャラとリョウブと両方自生している地域ではヒメシャラをサルスベリと呼んでリョウブを別の名で呼び、ヒメシャラのない地域ではリョウブをそう呼ぶとあった。これはヒメシャラの木の肌の方がリョウブよりすべすべしているからだと説明してあるが、命名の心理を物語るおもしろい報告である。

以上のように違う植物に同じ名がついている場合、どのように数えたらよいだろうか。カッコバナの場合は全体で一例であろう。しかし、サルスベリの場合は、全体で三例と数えるべきであろう。

このように考えていくと、日本の植物の名は、優に三万を超す数に達するに違いない。

さらに、植物名を考える場合、品種名、例えばカキの種類をフユウ柿、ジロウ柿、サイジョウ柿……と呼び分け、ダイコンの種類をネリマ大根、カメイド大根、アオクビ大根、サクラジマ大根、モリグチ大根……と呼び分ける類を数えていったら、どのくらいの数になるかちょっと見当がつかない。

また、気のつくことは、同じ植物に対して、その成長過程に応じて、違う名を持つものがあったり、一つの植物の部分の名を別の名で呼んだりするものがあることである。ヨモギの若いのをモチグサと呼び、ツクシの後から出る葉のようなものをスギナと呼ぶ類がこれである。ヤマノイモの葉のわきに出るものをムカゴと呼び、松の実をマツボックリと呼ぶのもそれである。ススキの花をオバナと呼び、屋根に葺《ふ》く材料としてはカヤと呼ぶような例もある。

それに加えて、同じサクラの花を、蕪村《ぶそん》が、

旅人の鼻まだ寒し初ざくら

と詠んだハツザクラをはじめとして、見る季節、見る時間によって、ワカザクラ、オソザクラ、ユウザクラ、ヨザクラ、ウバザクラ、ハザクラ……などと呼び分ける例

もあり、日本の植物名は尽きるところを知らない。

清少納言の時代からある雑草の名

日本語の数多い植物名について、注意すべきことが二つある。

一つは、スミレ、ツボスミレ、タチツボスミレ、ニオイタチツボスミレ、といくらでも長くなるが、長くなっても、ほとんど全部が完全な一語であることである。これは、そのアクセントを調べてみると、高低は一ヵ所以上にあるものではない。ただ例外は、アキノタムラソウとかフユノハナワラビのような、助詞「の」で結ばれているものが二語的である。が、「の」という助詞は、ほかの助詞に比べて二つの語を強く結びつけ、その後に間投助詞のようなものがつくことを許さない点を考えれば、これも準一語と呼んでよろしかろう。

英語では、日本語の標準和名に相当するものを検討してみると、white violet とか sweet violet とかのように二語の形で書かれているものが圧倒的多数である。これは、いつも続けて発音されるという点では一語と言えようが、日本へ持ってきたら、白スミレではなくて「白いスミレ」となるところであろう。しかも、英語では野草の中に、「California evening primrose（ツキミソウの一種）

Western morning glory（ヒルガオの一種）」

などのように三つに切れて呼ばれているものも少なくない。

ドイツ語は、さすがに一語として表記されているものが多いが、それは「比較的に」ということで、

「Kleines schneeglöckchen（スノードロップ）

Rotbrauner frauenschuh（アツモリソウの一種）」

のように二つに切れて書かれている野草も多く、日本語とは違う。

日本の植物名について、次に注意すべきことは、大部分が和語であることである。以上挙げてきた草木名でも、大体その様子は知られるであろう。これは、鉱物名などでは、「金」「銀」から始めて、「水晶」「方解石《ほうかいせき》」など大部分が漢語で呼ばれているのと、いちじるしい対照をなす。

植物名にも、「芍薬《しやくやく》」とか「龍胆《りゆうたん》」とか、中には漢語のものもあるが、それは中国渡来のものとか、薬用になるものとか、特殊なものが多い。ヨーロッパやアメリカから日本に渡来した植物も、

「ヒマワリ、ヤグルマソウ、ツキミソウ、オイランソウ、ハボタン、マツバボタン」

のように、和語か、せいぜい耳に熟した漢語で呼んでいるものが少なくない。この

点、ほかの分野では、渡来したものはもとより、在来のものまで洋語で呼ぼうとしているのとは、はっきり違う。

植物学専門の学者は、一般の人以上に和語を喜び、アルメリアをハナカンザシと言い、ポリアンサをクリンザクラと言い、ライラックをムラサキハシドイと言うのを標準和名としている。アメリカあたりで、自然に自生している野草に対しても、時に、Arnica とか Clematis とか、ラテン語の属名で呼んでいるのとは大きな相違がある。

このような、和語で呼ばれる植物、ことに標準名が和語である植物が多いことは、明治以来の日本の植物学者の強い自覚によるものと思われるが、これはもともと日本には和語で呼ばれている植物が多かったことによる。このことは、早く平安朝時代の百科事典、源順《みなもとのしたごう》の『和名抄《わみょうしょう》』でうかがうことができる。そこには、漢語で書かれた植物名のほとんどすべてに和語で日本名があててある。これは鉱物の場合、コガネ、シロガネのようなのを翻訳語であると見るならば、古来の和語のものは、ナマリとキララしかないというのとは、天地の差がある。

植物の名にも、あるいは新たにつけた翻訳語の類もあるかと思うが、ほとんど全部は在来の名前であろう。というのは、例えば、「桔梗《ききょう》」という漢字にアリノヒフキという和語があててあるが、この語源を考えると、夏の日盛りに、蟻が地上に這《は》い群れている。それを花の咲いているキキョウの枝でひっぱたくと、あれは蟻の体の中の蟻《ぎ》酸《さん》が作用するのであろうか、青紫色の花がリトマス試験紙のように見る見るピンクに変わる。今でも、地方の子供たちの間にそういう遊びがあるが、平安朝時代にも同じような遊びがあって、当時の人は蟻が火を吹くのだと考えた、そうしてこういう名前がついたのに違いない。このようなのは日本独自の古い名とみられる。

もっとも、こういうことに対して、『和名抄』にそのように漢語が並んでいるのならば、日本語に植物名が多かったように、中国語にも植物名が多かったことになろうと言われるだろうか。私はそうではないと思う。相当する漢語がここに挙がっていないために、採録されなかった日本名がこのほかにたくさんあったと想像する。『万葉集』にはここには出てこない植物名がいくつも登場する。

私が興味を持つのは、『枕草子』の一三一段「七日の日の若菜は……」の章である。ここで、子供たちが雑草を摘んで遊んでいるのに対して、清少納言がそれは何という草かとたずねると、子供の一人が「みみなぐさ」と答えている。私はここを読んで驚いた。ミミナグサというのは今でも路傍に多い変哲もない雑草である。ハコベに似ていて、普通の人は、その違いに気づいていないかもしれない。そういう雑草の名を子供が知っていたとすると、大人がほかにどのくらいの数の雑草の名を知っていたか、想像のほかだと思う。

前で紹介した『日本植物方言集』を見ても、日本人は、こんな草にも名をつけていたかと舌を巻くことが多い。

「サギゴケ、チドメグサ、ノミノフスマ、キュウリグサ……」

普通には見過してしまう小さな草である。日本人の昔からの植物に対する関心の深さが偲《しの》ばれる。

植物に美しい名をつけようとした心理

これらの日本の植物名を見ていくと、植物名といえども、日本語であるから、日本語の単語が普遍的に持っている性格は、植物名も備えているはずである。

第一に日本語には同音語が多いが、これは植物名にも見られる。同じ語源のもの、前に出てきたボンバナのようなのはこの際問題にならず、違った語源のものを求めると、二つのツメクサがある。一つは、庭園の芝生に生える雑草で、葉の形が爪に似ているところから「爪草」の名を得た。もう一つは、クローバーの標準和名で、これは江戸時代、オランダから日本に送られてくる荷物の中に、すき間に詰める草として使用されたことによるもので、語源は「詰め草」だ。なお「爪草」の「爪」は、人間の爪ではなくて、鷹《たか》の爪らしい。

このような同音語はしばしば混同されることがあり、ガンピには、「雁皮」と書く製紙の材料の木と、「岩菲」と書く庭に植える草花とがある。『枕草子』に「かにひ」と書かれているものは、今のガンピであるがこれは「雁皮」の方で、類似の植物、サツマフジのことだろう、とは、『大言海』の説である。それを今のすべての注釈書は間違って、「岩菲」のこととしている。清少納言は、「かにひ」の花は藤の花のようだと言っているが、これはサツマフジの方にしないと話が合わない。ヤマブキという灌《かん》木《ぼく》に、「款冬」という漢字をあてることがあるが、江戸時代最大の方言辞典をあらわした小野《おの》蘭山《らんざん》によると、あれは山の蕗の意のヤマブキにあてる漢字だそうだ。

日本語では同意語を避けようとすると、勢い、長大な形の語になるが、植物名としては以前から有名なものに、リュウグウノオトヒメノモトユイノキリハズシというのがあった。二〇拍であるが、これは異名である。標準和名で最も長いものというと、斎賀《さいが》秀夫《ひでお》氏がシロバナヨウシュチョウセンアサガオという、一五拍のものを見つけられた。一二、三拍ぐらいのものならば数が多く、中には、ナガバナンキンナナカマドのような口調のよいものもある。これは、その前に「夏山や」という一句でもつけると俳句ということになって、一般に広く読まれる雑誌の俳句欄あたりなら、当選して掲載されるかもしれない。

ところで、日本語の単語には、四拍のものが多く、ことに辞典を開いてみると、コージョーとかコーセイとか、四拍のものがせいぞろいしていて、壮観である。植物の名にも、四拍のものが少なくはないが、それよりも、五拍のものが多いことが注意される。前に出たタカノツメ、コマツナギもそれであるが、

「カキドオシ、ユキノシタ、ホトケノザ、ユキヤナギ……」

と並べてくると、これは美しい名をつけようとした心理が働いたとみられる。「何々グサ」という形のものに、この類はことに多く、カタバミをコガネグサというのはその代表であるが、

「ミヤコグサ、オキナグサ、ミコシグサ、タケニグサ」

など、例は多い。漢語のものでも、

「フクジュソウ、レンゲソウ、キンポウゲ、ジンチョウゲ」

などたくさんある。

五拍の名の多いのは、リズム感の然《しか》らしめるところと思われるが、ほかの分野では、「千代《ちよ》の富士《ふじ》」とか「隆《たか》の里《さと》」とかで代表される関取の名がある。しかし、もっと近いものとしては、

「タマツバキ、キョウガノコ、クズザクラ」

のような和菓子の名を連想すべきであろう。

このような植物名を豊富に載せた文献としては、南北朝時代の歌人、二条良基《にじようよしもと》の『蔵玉和歌集《ぞうぎよく》』が著名で、五拍の異名として、サクラをアダナグサと言い、ボタンをハツカグサという類が、一〇〇種ばかり挙がっている。

次に、固有の和語には濁音で始まるものがないというのが定説で、『万葉集』で濁音で始まる例は、山上憶良《やまのうえのおくら》の長歌に出てくる「びしびし」という擬声語がただ一つの例外だとされている。ところが、植物の名には、和語のものにも、

「ガマ、グミ、デロ（ドロとも）、ズミ（＝コナシ）、ガガイモ、ドングリ、ガジュマル……」

など、かなりのものがあることが注意される。これは、動物の名に、

「ブタ、ブリ、ボラ、ゴンズイ、ガガンボ、ダニ、ガザミ……」

のようなものがあるのと並ぶ顕著な傾向である。

このようなものは調査してみると、地方の方言に多いようで、次のようなものは、中央の言葉では濁っていないのに、方言で濁っているので注目される。

「ガニ（蟹《かに》）、ガエル（蛙）、バチ（蜂）、グモ（蜘蛛《くも》）、ビル（蛭《ひる》）……」

植物名も、方言には濁音で始まるものが数多く、松井栄一《まついえいいち》氏ほか編の『日本国語大辞典』に見えるもので、

「グワイ（＝クワイ、愛知県・島根県）、ガヤ（＝イヌガヤ、濃州《のうしゅう》）、ダラ（＝タラノキ、三重県・山口県）、ダモ（＝シロダモ、秋田県・福井県、＝ヤチダモ、奥羽《おうう》一般・伊豆）」

などがあり、中央地域では澄んで始めるところを濁って始めるものが多い。

思いおこすのは、今、ガマと言っている植物も、『古事記』には澄んでカマと出ていることとである。グミも、『和名抄』には「久美」とあり、クミと読むようだ。思うに、古い時代の日本では、大和平野や京都などの中央の地方では、澄んで始まる言葉ばかりだった。それに対して周辺の地域では濁って始まる言葉をたくさん持っていた。今、ブナとかデロとかいう言葉が標準和名になっているのは、地方の方言が中央地帯に侵入してきたものであろう。

「デブ、ビリ、ドロ、ゲロ、ゴミ……」

日本人は、濁って始まる言葉を汚いと感じる、外国では類のない特性を持っている。これは古い時代に、中央地域の人が、周辺地域の人を一段下のものと見ていた。従ってそういう人が使う方言をも卑しいものと考えた、そのあたりが原因になっているの

ではあるまいか。

名前の語源で暴かれた、ドロボウの手口

日本語の単語の語源解釈は難しいが、植物名の語源を探るのも大変である。日本語に同系統とみられる言語がないことが根本的な原因であるが、日本語に拍の種類が少なく、同音語が多いせいでもある。

茨城県の筑波山《つくば》にツクバネという植物が自生しており、登山道でその実を塩漬けにして売っている。酒のつまみにでもというのであるが問題はその名で、これを聞くと、「筑波山」に自生するから、「筑波嶺」で、ツクバネソウとでも言うのを略したのかと思う。ところが、その実を一度見ると、正月の追羽根に羽子板でつく羽子《はね》そっくりで、つまり「衝《つ》く羽子」が語源と知られる。

クサレダマという野草があり、これは「くさった卵」という意味でもあろうかと思うと、レダマという植物があって、それに似ている。そうしてレダマは木であるが、この方は草であるというところから、「草レダマ」とついたのだそうだ。

牧野博士の『新日本植物図鑑』には、個々の草木名にいちいち語源を考えて記載しているが、こう何もかも解釈しようとしたのでは、怪しいものが当然まじってくる。

植物名の語源については、深津正《ふかつただし》氏の『植物和名語源新考』を推す。

海浜などに自生する野草の一つに、ギョウギシバというものがある。牧野博士は、このギョウギは「行儀」の意と解し、なぜそう呼ぶのかはっきりしないと言われた。当然だ。深津氏は、同じように海浜に自生する、似た植物にコウボウムギというのがあって、これは「弘法大師《こうぼうだいし》の麦」と解されている。そうすると、当時弘法大師と並べて世人に慕われている高僧に行基《ぎょうき》という人がいた。だからこれは「行基芝」の意だろうと解かれる。

今までなぜこの意味がわからなかったかというと、行基という人は、明治以降小学校、中学校の歴史の教科書に出てくる場合、キを澄んでギョーキと呼ばれていたからだ。考えてみると、「行」の字の最後は原音では〔ŋ〕の音であるから、当然「基」は連濁するはずだった。おそらくこの名は、「行基」の古い正しい読み方を伝えているものであり、語源説として正しいものであろう。

また現在、ヌスビトハギとかドロボウグサとか呼ばれている草があるが、これはいずれも実に針を持っていたり、粘液を分泌する性質があったりして、人の衣服につき、種を撒《ま》き散らす性質がある。そうすると、昔はドロボウと言うと、人を尾行して油断を見すまして襲いかかる追剝《おいはぎ》が代表的なものだった。頬被《ほおかぶ》りをして抜き足さし足で人の家に忍び込むようなのを想像するのは、後世の変化であったことを教えられる。

橘正一《たちばなしょういち》氏はかつて、ハコベの方言として、アサシラゲというのが奥羽一般に分布していることを報告し、昔の日本人は朝、塩にハコベをまぜて歯を磨く習慣があったことを明らかにされた。植物名の語源の解釈は、このような昔の人の生活ぶりや、ものの見方を教えてくれるところが多い。

深津氏に真似て私も語源説を紹介したいと思うが、例えばウメモドキだ。一般の人は、「梅に似ているからこの名がある」と解しているが、ウメモドキは、葉も花も実もウメには似もやらず、この語源説は怪しい。私が思うに、モドキの意味は、「似ている」ではないであろう。「もどく」（挑く）という動詞は、『源氏物語』などで見ると、非難する、抵抗する、などの意味で使われている。島津日新公《しまづじっしんこう》作詞の薩摩琵琶《さつまびわ》の古典曲に、「迷語もどき」という曲があるが、その歌詞は、よまい言に対して反論している内容で、よまい言の真似をして作ったものではない。ウメモドキは、梅が冬の寒さの中で花を開いて庭木の王のような顔をして人に珍重されている、それに対して美しい紅《あか》い実をつけ、こっちだって負けないぞと、張り合っている、という意味だろうと解する。

ガンモドキという食品があるが、あれも、豆腐に人参《にんじん》や蓮根《れんこん》を入れて揚げたものが、雁《がん》の味に似るはずがない。雁の料理は江戸時代天下の珍味だった、それに負けないものという意味の命名だったと解する。それではなぜモドキが似ているという意味に解されるようになったかというと、中世以来の芸能で、主役と張り合う役を「もどき」と言った。そのもどきは、主役の真似をしてみせることによって主役にからむ。そういう芸能を見ていた大衆が、真似してみせることを「もどき」というのだと解したことに発するものと考える。

最後に、日本の植物名の語源を考えていくと、日本の植物名は全般的に文学的だと言えそうだ。ゲンノショウコというような散文的なものは例外で、これも方言ではミコシグサとかネコアシとかイシャダオシとか言っている。こっちの方を標準和名にしなかったのは、明治の植物学者の千慮の一失だった。

文学的な命名の例としてまず似たものへのたとえがある。ヤブレガサは、その葉の形が正しく破れ番傘に似ていてうまい。花期になると、枝の先についた葉だけ白くなっている植物があるが、これをハンゲショウ（半化粧）とやったのもうまい。ミミナグサの方言、ネコノミミもその実の形を見ればなるほどと思われ、ザゼンソウの方言ベコノシタも、確かに牛の舌に似ている。

この種の代表としては、かつて新村出《しんむらいずる》博士が微苦笑されたというイヌノフグリに指を屈する。もっとも、こういう種類のものは、英語にも、ハハコグサの大きいものを pussy paw と呼ぶものがあり、日本人の独壇場ではない。イヌノフグリのような多少えげつないものを求められるならば、スッポンダケという菌を、いきり立った男性の性器と呼ぶラテン語の標準学名には到底かなわないだろう。

日本人の植物名の傑作は、それよりも想像の世界に思いを馳《は》せるところから生まれる。サルスベリというが、猿があの木に登ってけっして滑るはずがない。しかし、猿でも滑りそうだと考えたところがおもしろいのである。オニシバリは、繊維が丈夫だというところから生まれた名であるが、鬼も甘く見られたものだ。キジカクシは狩人《かりうど》に追われたキジを隠しそうだという発想による。ナナカマドは、燃えにくい木で、かまどに七回ほうり込んでもまだ燃えぬという名であるが、名前の響きが美しい。

サギノシリサシとは、沼地に自生するミクリの異名であるが、沼地に降り立った鷺《さぎ》の尻《しり》を刺しそうだという見立てがうまい。テングノムギメシ——長野県の深山に自生する菌類で、コップ形の容器のようなものの底にもそもそした小さい菌がたくさん生えるもので、食べれば食べられるが別に美味でもないものだという。これなど名前を聞いただけで、その様態はわかるような気がする。

日本の植物名は、ヨーロッパのものと違い、宗教的なものは少ないが、キランソウの異名をジゴクノカマノフタというのは、地面に広がって生え、なかなか引き抜きにくいようすをよく表している。スギナを方言でジゴクノカギツルシというそうであるが、私は子供のとき、奉公に来ていた埼玉県のお手伝いの女性から、何かむごたらしい言い伝えのようなものを聞いたことがあったが思い出せないのは残念である。

「あえて」申しますと

木や草の名が多いというほかに、日本語ほど米に関する言葉が豊富な国はない。米というのがその総称であるとすれば、稲というのがまだ田んぼに生えている状態。そして米にはモチとウルチの二種類があり、稲にもワセ、オクの種類がある。稲から取った米を炊けば飯になり、我々はこれをご飯と呼ぶ。もっともライスというと、これはお皿に平らに盛られた状態を指すとか。

おもしろいのは、米は「とぐ」と言って「洗う」とは言わない。「とぐ」は包丁を研ぐと同じで、米つぶについたヌカをよく落として、米をとがらせるという意味が含まれる。しかしこれを英訳すれば wash にしかならず、日本人の米に対する特別な思い入れはとても伝わらないだろう。

調理に関する言葉になると調理方法を表す動詞で、英語の boil に相当する語彙《ごい》が日本語ではたくさんある。日本語ではお湯なら「わかす」から始まって、ご飯ならば、「炊く」、人参や大根ならば「煮る」、卵なら「ゆでる」と言い分ける。つまり全体が水なのか、水分がなくなるまで温めるのか、温めた後水分まで食べるのか、水分はこぼして捨てるのか、ということをやかましく区別するわけだ。これは水を多く使い、野菜を多く食べる日本の民族習慣を表している。

一方、日本語は「焼く」という言葉には大変大まかである。英語では肉ならば蒸し焼きにすれば roast、照り焼きにすれば broil という区別があり、また串《くし》にさして網で焼けば grill となる。パンについては bake の方はパンを作る過程、toast の方はパンにこげめを入れることであるが、日本人はこの区別をつけずどっちも「焼く」と言う。牛肉の「すき焼き」とかサザエの「ツボ焼き」とか言うが、あれは本当に焼いているのかどうか。アメリカ人だったら、両方とも boil しているんじゃないかと言いそうである。

料理が発達しているのは中国で、日本人が「いためる」と言っているものだけでも、「炒《チャオ》」はいためる、「爆《パオ》」は高温で瞬間的にいためる、「煎《ヂエン》」は両面を油焼きする、

「炒《ビエン》」は少量の油でカラカラにいためる、というように言い分ける。そのほか、日本語の「揚げる」にあたるのが五種類、「焼く」「あぶる」が各々《おのおの》三種類、「煮る」「ゆがく」にあたるのが一二種類もあるというのは、さすが世界に冠たる中華料理だけのことはある。

さて、調理用語の中で最も日本的な言葉を挙げるなら、「あえる」だろう。和英辞典では「まぜる」と同じ訳で mix となっているが「あえる」には調和させるという意味がある。これなどは、素材の味がそのままでも新鮮でおいしい日本の食材ならではこそ生まれた言葉で、何でもミキサーでかき回してしまう mix とは全く発想が違う。

ついでに、日本語では味覚のうち、塩の味とカラシやワサビの味を区別しないでカライと言うのが一般的であるが、これはピリピリとした辛いものを食べる習慣があまりなかったせいだろう。ただし、日本人は食べ物の舌ざわり、歯ざわりにはとてもこだわる。そばの味などを表すのに「シャキシャキ」「ツルツル」「ポソポソ」「モソモソ」など豊富な擬態語が用いられるのはその好例だ。そうしたことから、日本人は味覚文化ではなく触覚文化の民族とも言える。特に水分がどのくらい含まれているのかがとても重要な要素になる。例えば「ニチャニチャ」「ヌルヌル」「ベタベタ」「ネトネト」「サラサラ」「パリパリ」など、枚挙にいとまがない。雨の多い気候風土ならではの発想だろう。

さて余談になるが、私が子供の頃、鯛《たい》の頭の骨を食べるとき、骨の中からスキとクワと、あと一つ何であったか失念したが、とにかく農耕に使う器具とよく似た小骨を見つけるのを楽しみとした。この三つが揃《そろ》うと、その年が豊作になるとか、一生食べるのに困らない、と親に教えられたものである。もしかしたらそれは魚の頭であっても乱暴に食べ散らかさないように子供に教えるよい方法だったのかもしれない。とにかく子供の私は夢中で小骨を見つけようとしたものだった。今でもそんなことを知っている若い人がいるかどうか、一度聞いてみたいものだ。

日本語のお家芸とは？

造語が得意な日本人

夏になると新聞は必ず「今日もうだるような暑さ」といった見出しで、芋の子を洗うように混雑した海水浴場の写真を載せる。いわば夏の定番だが、さてこの「海水浴」という言葉は、ずいぶん古くさい語感がしないだろうか。確かに海水を浴びるのだから、海水浴には違いないが、気のきいた外来語が入ってきている今、もう少し違った言葉に変わりそうな気もする。しかし「スイミング」では海で泳ぐ意味にはならないし、「シースイミング」では長すぎる。やはり「海水浴」という表現しか見つからないのだろう。

おそらくこの言葉は明治になって、学者が新しく漢字をつなげて作った造語だろうと思われる。それまで一般の人が海で泳ぐ習慣など日本にはなかった。それが海で泳ぐことは健康のためになるという外国からの影響があり、泳ぐことを国民に勧めるためにこうした言葉を作ったのであろう。それと同時にお風呂《ふろ》に入ることをそれまでは「湯浴《ゆあ》み」と言っていたのが、「入浴」という偉そうな言葉に変わった。そしてこの言葉のおかげで最近では「森林浴」という言葉も生まれた。「浴」という漢字さえあれば、いろいろな新語が簡単に生まれるのである。

日本語の便利さはいろいろあるが、中でも便利なのが、漢字を持っているということだ。漢字は一つの字にいろいろな意味を持っている。だからそれをつなげてさえいけば、さまざまな新しい意味の言葉を作ることができるのである。ここに日本語の変わりやすさの原因を求めてもいいだろう。例えば「車」という字がある。これがあれば「新車」「中古車」「乗車」「対向車」と、限りなく言葉が作られていく。「車間距離」という言葉など何気なく使っているが、もしも英語で言おうとしたら、the distance between the car という大変長ったらしい表現しかない。

人間の生態や考え方について考察する学問を「人類学」というが、英語では anthropology という。アメリカの本屋さんに寄ったとき、人類学の本を見たいと思って店員に聞いたが、全く見当がつかない、という顔をされた。私は本屋の店員でさえ知らないのかとびっくりしたが、後で聞いたらそんなことはよくあることだと言われた。日本語なら「人類」という漢字を見れば、人間に関することだということがわかる。そしてそれに「学」がついていれば、そうしたことを研究する学問だということが、およそ想像できる。しかし「anthrope-」がギリシャ語で「人」を意味することがわかるアメリカ人が果たして何人いるだろう。私が思うに、アメリカの中学生が専門分野の本を開いたとき、まるで見当もつかない難しい語彙がゴロゴロころがっているのではないだろうか。日本人が明治になって新しい学問をどんどん吸収できたのは、ひとえに漢字の恩恵に浴するところが多いと思う。

ただし造語が多すぎると戸惑うこともある。先日「中食《なかしょく》」という言葉を初めて知った。外の食堂で食べることを「外食」、家で食べるのが「内食」、そしてコンビニのようなところでお弁当を買ってきて家で食べるのが「中食」だそうだ。なんだか味も素っ気もない言葉だな、と言ったら、家内に「もともとそういうところのお弁当はそんなもんよ」と言われてしまった。

漱石も新語好き

「男心と秋の空」と言い、「女心と秋の空」と言う。どちらが変わりやすいのか、その論議はさておき、東京に住んでいると秋の空が変わりやすいという実感はあまりない。むしろ変わりやすいのは春の空で、今日はポカポカと暖かく花見にはもってこいの一日だと思って出かけていくと、突然の雨でビショ濡れになって帰ってくるということがある。

若い頃、京都大学で集中講義をしたことがあり、木犀《もくせい》の咲く頃にしばらく滞在したことがあった。そのとき、ああこれが諺《ことわざ》で言う秋の空なんだな、と実感したことがある。

朝、モズがカン高い声で鳴くような晴れた日でも、昼頃になると北山の頂きに白い雲がかかる。と、見る間に頭の上に広がってきてまっ暗になり、北山しぐれと呼ばれる雨が降り始める。それが夕方には西の方から陽がさしてきて、狐の嫁入りと言われる天気になる、というように古都・京都の天候は、一日のうちにめまぐるしく変わるのである。

さて、日本語の方はどうだろう。不粋な例で恐縮だが「便所」の呼び名一つを取っても、幾多の変遷がある。私が子供の頃は「はばかり」と言ったが、老人は「せっちん」あるいは「かわや」と呼んでいた。しかし今は「お手洗い」「トイレ」「WC」などが普通の呼び名で、年配の人なら「ごふじょう」と言ったりする。ところが中国へ行くと、男性用トイレには「男厠《だんし》」、女性用には「女厠《じょし》」と書いてある。中国の古い時代の言葉に考えごとをするのによい場所として「枕上《ちん》」「鞍上《あん》」「厠上《し》」の三上《さんじょう》を挙げている。つまり「厠」という言葉は昔も今も変わっていないのだ。日本語の呼び名の変わりやすきこと、まさに秋の空である。

日本人は新しいものにはすぐ飛びつく代わり、あきっぽい性格のようである。流行語がコロコロ変わるというのもその一例だろう。流行語大賞という、今年一番はやった言葉を選ぶ審査員が嘆いていた。その言葉を選んだ時点で、もうそれは古くなっていて、若い人に「何それ?」と言われるという。昔は「ギョギョッ」とか、

「アジャパー」とか二、三年は持ったが、今は二、三ヵ月しか持たないらしい。

ではやり言葉というのはいつ頃からあるのだろう。テレビや新聞・雑誌などのなかった時代に、果たして流行語などというものがあったのだろうか。

私見だがおそらく平安時代の昔までさかのぼってもいいのではないかと思う。と言うのは、清少納言が、『枕草子』の中で、

「いやしきこともわろきことも、さと知りながらことさらにいひたるは、あしうもあらず。

我がもてつけたるをつつみなくいひたるは、あさましきわざなり」

と述べている。つまり、内容がわかっていて言うのはかまわないが、わざと格好をつけるために、あたりをはばかることなく言うのはよくない、と言うのだ。

しかし、そういう清少納言自身、流行に弱い部分をたくさん持っていて、例えばこれは言葉ではないが、当時暖房に使う炭というものが大変珍しいものだった。それまでは薪を使っていたのだが、簡単に火がついてしかも家の中でくすぶらない便利なものとして宮廷で使われ出したのだ。彼女は炭という新製品を知っていることが得意だったらしく、「春は曙《あけぼの》」の中に、朝つけた炭が午後になって灰で白くおおわれているのは見苦しい、と書いている。

さて、言葉として新しい表現がどんどん生まれたと思われるのは、鎌倉時代にできた『平家物語』だ。これは琵琶法師《ほうし》が楽器の琵琶をベンベンとかき鳴らしながら、人々に平氏の栄枯盛衰を語って聞かせたものだが、その一節の中に、屋島の戦いで源氏の武者、那《な》須与《すのよ》一《いち》が弓で的を射る場面があり、「よっぴいてひょうと放つ」という表現がある。これなどは当時としては大変新鮮な表現で、おそらく大衆の中にあっという間に浸透していった言葉だろう。そのほかにも『平家物語』の中には「顔をむずむずと踏む」（顔をグリグリと踏んづける）、「ひひめく」（ひいひい泣く）、「さもさうず」（それはそうではない）、「しゃっ」（そいつ）などの新しい表現がある。これらはみな、それまでになかった言葉で、当時としてはずいぶんセンセーショナルな受け止め方をされたのではなかろうか。

また、時代が戻るが『土佐日記』とか『古今集』などの中にも新しい表現が数多くあり、それが書かれた以降ひんぱんに使われ出した例は数知れないほどである。こうした言葉は当時のはやり言葉といってもよさそうだ。

江戸時代に入ると、さまざまな分野からはやり言葉は生まれた。バクチ打ちの言葉から「ピンキリ」「出たとこ勝負」「はったり」「張り合う」「一点張り」という言葉が生まれ、将棋の世界から「成金」「持ち駒《ごま》」「高飛《たかび》車《しや》に出る」などの言葉が出てきた。

一方、この時代も戦記物を語る講釈師というのが人気があり、「手ぐすねを引く」「矢継ぎ早」「ほこ先を転じる」「矢おもてに立つ」「横槍《よこやり》を入れる」「しのぎを削る」「おっとり」「一騎打ち」といった表現が誕生した。扇子をバッタ、バッタと講釈台に打ちすえながら、調子よく物語る講釈師の語りぶりは、庶民にとってさぞかし魅力的だったことだろう。こうした言葉は、みんな戦記物の表現だが、あっという間に日常生活に定着したのである。

当時のもう一つの人気の的は歌舞伎や浄瑠璃《じょうるり》である。「のべつ幕なし」「捨てぜりふ」「引っ込みがつかない」「大むこうをねらう」「大見えを切る」の表現はそんなところから生まれてきている。

また、庶民の楽しみに「からくり」と言われるものがあり、今でいうサーカスの興業のようなものに、人はわんさか押しかけた。「たらい回し」は曲芸の芸人があお向けに寝て足でタライをクルクル回し、それをヤッと次の人に渡す、という芸から出てきた。「あいつのさしがねに違いない」の「さしがね」は、作り物の蝶《ちょう》を踊り子のそばでパタパタと飛ばすとき使った細い針金を言う。「手玉に取る」「さくら」などもこの辺からできた。

こうして見てみると、はやり言葉というのは、庶民にとっての娯楽から生まれた言葉が大変多いということに気づく。現代のテレビや雑誌のようなものがなくても、戦記物を語る講釈師、落語、歌舞伎など、大衆にアピールするものはあったのである。そういう中から流行語が生まれたということは、昔も今も変わらないということが言える。

明治時代に入ると夏目漱石という人が、新しい言葉を作り出す名人だった。『坊っちゃん』の一篇を読むと、宿の骨董《こっとう》好きの亭主が、坊っちゃんに硯《すずり》を勧める場面で、「これは端渓《たんけい》です、端渓ですと二遍も三遍も端渓がるから」の「端渓がる」とか、「野だの干瓢《かんぴょう》づらを射貫いた」の「干瓢づら」とか、いろいろと新しい使い方をしている。

田辺尚雄《たなべひさお》氏の本に『明治音楽館』というのがある。これは明治時代の音楽風俗について書かれたものだが、この中で、一高時代の漱石教授の授業の思い出を書いたところがある。

それによると、漱石は授業の時間にも次々と妙な新しい単語を話したそうだ。「牛耳を取る」を「牛耳る」と言い、「野次を飛ばす」を「野次る」というぐあいに、おかしな言葉を作っていった。が、今はその言葉がすっかり定着している。

私の父も学生時代に東大で漱石の英文学の講義を受けたという。しかし「妙なことばかり言って、あまり感心しなかった」と言っていた。父は大変まじめな人だったから、漱石の洒脱《しゃだつ》な話は不まじめに思えたのかもしれない。しかし、漱石の作り出した言葉が今でも使われるということは、やはり漱石の作品にそれだけの魅力があったことにほかならない。

ただ、戦前は今と違ってマスコミの数が大変少なかったから、一つの言葉が生まれれば必ず定着していった。だから今もその言葉が使われつづけているわけだ。現代のように情報がたくさんあり、新しい言葉が浮かんでは消え、消えては浮かぶ現状では、一体どんな言葉が将来定着していくのか、想像もつかない。一〇年後、そして一〇〇年後、私たちが今使っている新しい言葉のうち、どんな言葉が残っているのだろうか。

日本語に足りないもの

日本語は語彙の数がたくさんあるのにどういうわけか足りない言葉がある。例えば秋になり街を歩いていると、あちこちから金木犀の甘い香りがただよってくる。こんなとき、私たちは、「よい匂いがする」と言う。「よい」という形容詞と、「匂い」という名詞と、「する」という動詞を組み合わせて表現する。一言で足りる形容詞はないのである。

英語では sweet などの言葉があるのに、日本語にはなぜないのだろう。昔は「かぐわしい」といういい言葉があったが、いつの間にか消えてしまった。新潟県に行くと梅の花とか香水を「こーばしい」と表現するそうだが、標準語では、ほうじ茶とか煎餅《せんべい》などを食べるときに使われるくらいだろう。

日本語には「紅葉する」とか「懐かしい」など、英語だったら何語も連ねて表現しなくてはいけない言葉が簡単な単語として存在し、大変便利な言語であることは言うまでもない。しかし不便な面もいろいろあって、足りない言葉や混同しやすい言葉がたくさんあるのも事実である。

例えば日本語には foot（足）と leg（脚）の区別がなく、すべて「あし」と言う。「両あしを開いて立つ」というと、脚の部分なのか、靴を履いている部分を開くのかわからず、大変不便である。一般に、体に関する言葉がいちじるしく不足しているのは、日本語の重大な欠陥である。

標準語の形容詞では、ワサビの辛さも塩鮭の辛さも同じ言い方しかない。昔は塩鮭の辛さは「しほはゆし」と言った。東日本で「しょっぱい」というのはその名残である。ショウガやワサビなどの舌にぴりっとする辛さと、塩辛さとは明らかに違うもので、言い分ける言葉がそれぞれあっていい。

「はやい」という形容詞が速度を上げる「速い」と、時間的な「早い」の両方を兼ねているというのも、何とも不便である。「はやく書きなさい」と言われた場合、今すぐに書け、と言われているのか、スピードを上げて書けと言われているのかわからない。「新幹線ができたおかげで、大阪駅にはやく着いた」という文章を書くとき、どちらの漢字をあてたらいいか、迷ってしまう。

こうした日本語の不備はだんだんと改善されるのだろうか。例えば外来語の影響で、唐辛子やカレーライスの辛さは「ホット」、塩煎餅《せんべい》などは「ソルティ」というように変わるだろうか。「足」はフットとレッグに区別されて呼ばれるようになるだろうか。どうもこれだけ横文字が氾濫《はんらん》するようになっても、こうした部分を補うだけの影響は期待できそうにない。ならば私たちの手で徐々に変えていくしかない。それには例えば、冒頭の「いい匂いがする」という言葉にぴったりする形容詞である「かぐわしい」という言葉などはぜひ復活させたいものだ。

政治・経済の不備に構造改革が必要なように、けっして完璧《かんぺき》とは言えない日本語にも改革が必要だ。しかし「それでは今日からくるぶしから上は上足、下は下足と呼びましょう」と号令をかけたところで、みんながそれを受け入れなければ定着はしない。政治・経済の構造改革より、日本語の構造改革はさらに難しいのである。それでもこれからよりよくするためには、「倦《う》まず、たゆまず、あきらめず」という姿勢が必要なのかもしれない。

２　方言は短い文学である

東京方言と言われるもの

ほとんどの人は、東京の言葉全部がそのまま標準語になり、全国に波及したと考えておられるだろうが、それはちょっと違う。もちろん基本になったのは東京で使われていた言葉だが、標準語の中には東京で使われていたものの、いつの間にかなくなってしまった言葉がたくさんある。

私は文京区の本郷《ほんごう》というところで生まれ育ったが、母も江戸っ子だったので昔の東京言葉を数多く使っていた。例えば「食後に水菓子を食べる」などという言い方。これは別に水ようかんのことではない。果物のことだ。

夏目漱石の『坊っちゃん』の一節に、生徒がいたずらをしてイナゴを主人公のふとんの中に入れ、大いに憤慨させるところがある。「おれはバッタの一つを生徒に見せて『バッタたこれだ。大きなずう体をして、バッタを知らないた、何のことだ』といきまくと、一番左の方に居た顔の丸い奴が、『そりゃ、イナゴぞな、もし』と生意気におれを遣《や》り込めた」とある。

当時バッタというと東京では、飛びはねる虫全般にあてはまる名で、イナゴとバッタのどっちを言っても間違いではなかった。おかげでべらんめえの江戸っ子先生はギャフンと言わされたわけだが、確かに東京の言葉は標準的ではないものもたくさんある。醬油《しょうゆ》は「おしたじ」が普通だった。無造作なことを「ざっけない」、ものわかりのいい人を「さくい」と言ったが、今使う人はいるだろうか。

同じく東京で言うところのトウモロコシは、全国的にはトウキビと言い、カボチャもトウナスと言う方がむしろ通りがいい。大正期には、大名バッタのことを「オオト」と言い、私も文京区本郷の真砂《まさご》町にあった右京が原という名の草山で、「オートゲーロ」と呼びながらあの虫を追っかけて遊んだものだ。使用範囲の狭い言葉だったのだろうか。今オオトと言ってもわかってくださる人は少ない。

江戸時代の滑稽本《こっけいぼん》を読むと、江戸の町人の言葉がどんなものであったかよくわかる。「ぜんてい（全体）弥次さんが悪い。何のおぶさらずともいいことに、おめえが手本を出したから、ついおれも……。ええ聞きたくもねえ。よしてくんな」

といった調子である。

「イケシャアシャア」「イケ好かない」「オッぱじめる」「ヒッかつぐ」「ヒッぱたく」「ブッこわす」「ブッとばす」。これらの接頭語は、江戸の職人言葉から始まったとされている。

「聞こうとも。聞こうじゃねえか。聞かなくってよ」

「聞かないでどうするものか」の意味に、こうした反語的な使い方をしたのである。

「からっけつのところへもってって、かぜっぴきときやがった」

「土百姓たあ生まれからして違うんだ」

落語などでおなじみの言い方だが、江戸でもどちらかというと下町的な言葉遣いで、今でもこれらの言い方は東京の下町に残っている。

しかし、こうした江戸の言葉は標準語とならず、いわゆる東京の方言で終わってしまった。それではどんな言葉が標準語になったのだろう。私は、歌舞伎の『白浪五人男』に出てくる浜松《はままつ》屋の手代《てだい》の話し言葉あたりが手本にされたのだろうと思っている。

「それでは私どもの気がすみません」

「相すみませんが、今少しお待ちいただきとう存じます」

といったような調子で、ヒとシをなまることはあっても、大変丁寧で折目正しい。こうした人たちは、仕事柄武家とのつきあいもあり、大きな呉服屋の番頭としての品格を保つ必要があった。べらんめえ言葉をまくしたてる、というわけにはいかなかったのだ。

この商人たちは「浜松屋」という屋号でもわかるが、関西方面から来た人が多かった。もともと徳川将軍家は、三河《みかわ》（愛知県東部）出身である。「三河屋」「伊勢屋《いせ》」「近江屋《おうみ》」など、江戸で身代を築いた商人は関西人が多い。だから、この人たちの話し言葉の中には関西方言の影響が色濃く見られる。例えば「おめでとうございます」「ありがとうございます」という言い方だが、これを純粋に関東弁で言うなら「おめでたくございます」「ありがたくございます」になる。

文末につく「です」「ます」もそうで、これらは関西の「さいでおます」と同じ言葉だ。本来なら「そうです」は「そうでございます」にならなければおかしい。しかしいつの間にかこうした関西弁の色は自然に関東になじんで、誰もこれらが関西風であるとは思わなくなっている。

「そしてねえ」の「ねえ」も三河地方の言葉が流入したという説が強い。

もう一つ、江戸に与えた関西弁の影響として女房言葉がある。公家《くげ》の女性が武家に嫁ぎ江戸に住むというケースは多々あり、女房言葉はまたたく間に広まっていったようだ。「おでん」「おはぎ」などの言い方がそれで、それまでは「田楽《でんがく》」「はぎのもち」と言っていた。浜松屋の手代たちは、こうした女房たちを相手に商売することもしばしばあっただろうから、こうした言い方を上品な言葉として取り入れていっただろうことは想像に難くない。

明治になって、日本が近代国家として出発するに際し、明治国家はこの言葉を標準語として、国語の教科書はすべてこれらの言葉で書いたものに統一した。そして戦後、NHKのアナウンサーなどによって、標準語がより身近に、全国津々浦々まで広まっていったのは周知のとおりである。

今、日本の方言が失われつつあると言われる。方言を話す老人が少なくなり、若い人はみんな標準語を話すようになった、と嘆く人も多い。しかしそれは東京にいても同じことで、歯切れのいい江戸弁が聞かれなくなったことは誠に残念である。

言葉は一四歳までに身につく

誘拐事件が起きて、犯人からの脅迫電話のテープが公開されると、必ず私のところにマスコミから取材が来る。事件解決の役に立てればもちろんうれしいが、例えば航空機事故が発生すると必ずテレビに出てくる航空評論家とか、戦争が始まると登場する軍事評論家と同じようなもので、視聴者には「あ、また出てきた」と思われているかもしれない。

なぜそうしたテープを聞かされるかというと、犯人の言い回しの中に必ずその人の生まれ育った地域を限定させるアクセントが出てくるからだ。

例えば山梨県の甲府《こうふ》でおきた事件では、犯人はほとんど標準語に近い言葉で話しているが、「ちゃんと」（傍点部分が高い）という言葉を、「ちゃんと」というふうに話している。「持っていく」と東京の人なら言うところを、「持っていく」になっている。こうしたアクセントは、山梨県中央部から長野県南部に独特のものだ。我々がかりに大阪弁を真似しようとすると、「なんぼや」とか「アホやなあ」などの特徴的な単語は真似できるが、日常無意識に話している言葉のアクセントはまず付け焼刃では無理だ。

こういう地域による言葉の表現の違い、そしてアクセントの違いを方言と言うが、日本はけっして領土の広い国ではないのに、方言の違いははなはだしい。例えば八丈《はちじょう》島《じま》では土地の人同士で話す言葉を聞いてもまずわからない。「雨が降った」は「雨ン降ララー」、「人がいた」は「人ンアララー」になる。

奄美《あまみ》や沖縄に行くともっと違い、明治の頃までは外国語とみなしていた。有名な沖縄民謡に、

「カナヨー　ウムカジヌ　タティィバ」

という文句があるが、「カナヨ」は「美しい人よ」、「ウムカジヌ」は「面影の」、「タティィバ」は「立てば」で、知らない人にとっては全くちんぷんかんぷんと言っていい。

これが外国に行くと、アメリカでは西部と東部とで日本の領土の北端から南端の倍以上の距離があるが、言葉はほとんど変わらない。ロシアも南北の距離はそのくらいあるが、北海沿岸の漁師と、ウクライナ地方の農民の話はちゃんと通じるという。

一般に方言の違いが激しいのは、文明があまり発達していない地域に多いとも言われる。南米アマゾン川の上流に行くと、川を行き来する船頭の一〇人のうち、おたが

いに話せるのは三人くらいということで、つまり三ヵ国語ぐらいにすぐ分かれてしまうという。これはおたがいの部族同士が孤立しあってほとんど交流がないからである。

では日本の場合はどうなのだろう。日本に方言が多いのは、日本が成立してから歴史が長いからだ。アメリカが合衆国をつくったのは一八世紀後半、ロシアが帝国を築いたのは一五世紀のことだ。日本に比べていかにも短い。日本は歴史が長いため、方言の分化も進んだのである。ではアメリカやロシアにも一〇〇〇年後には方言が生まれているだろうか。私はそれはないと思う。なぜならマスコミがこれだけ発達し、テレビやラジオから標準語が毎日流れてくる状況では、地域の閉鎖性そのものがないに等しいからだ。

ところで、日常何気なく使う言葉に、その人の生まれ育った地域のアクセントが必ず出ると書いたが、それは何歳くらいまでに育った地域のアクセントなのだろうか。私の考えでは一四歳くらいまでの影響がとても強いと思う。

平安時代末期に木曽義仲《きそのよしなか》という武将がいた。源頼朝のいとこにあたり、頼朝に呼応して兵を挙げ、あっという間に京の都を占領した。ところが都の人たちから「木曽の山猿」と呼ばれ大変評判が悪い。最後は頼朝の弟の義経に追い出されてしまう。代わった義経の方は、とても人気があったという。察するに義仲は木曽の山中で少年期を過ごしたために、方言が強かったのだろうと思う。普通に話していても乱暴にどなっているように聞こえたのだ。しかし義経の方は少年期を京の鞍馬《くらま》で過ごしたので、言葉もやさしい。都の人々に受け入れられる素地があった。

一四歳くらいまでに身についた言葉は、大人になってからいくら直そうとしても、まず直せない。これを「言語形成期」と呼ぶが、この時代をどの地域で過ごしたかは、その人にとって一生にかかわる大切な問題であると思う。

万葉集の言葉を今も使う人々

全国の方言の中には、その地方だけで使われるのはもったいないと思うようなすばらしい言葉がいくつかある。

私が好きなのは、京都や大阪で使われている「はんなり」という言葉だ。これは「華なり」から転じた言葉と言われているが、華やかでいながら上品だという意味である。いかにも着物が似合いそうな京美人を連想させる。

東京の古い言葉には「ごきんとうさま」というのがあった。例えば傘を貸したら、その日のうちに返しにきた。そんなとき「これはごきんとうなことで」と言う。律儀でまじめな、という意味で、江戸の市井に暮らす人たちの、慎ましく、人との約束を大事にする生活ぶりがうかがえる。私の小さい頃はよく使われていたが、最近聞かれなくなってしまったのは惜しいことだ。

奈良県の宇陀《うだ》郡というところには、「きのめづわり」という言葉がある。四月頃に木の芽が一斉に吹き出し、気候としては暖かくて気持ちのいい季節なのだが、体が何となくだるい。気分がゆううつである。今で言えば「五月病」とでも言うべきだろうか。「春愁」という洒落《しゃれ》た言葉もあるが、「つわり」という言葉でこのだるさを表現しているところが実にうまいと思う。しかしこれもまた、緑の深い山に囲まれた中で農作業をしなくてはいけない地方だからこそ生まれた言葉なのだろう。

方言というのは、その地方に住む人の特徴を表しているところがおもしろいが、またその地方の言葉の成り立ちを教えてくれる点でも興味深い。もし日本中でどこが一番標準語と違った言葉を使っているか、と聞いたら、多分沖縄の言葉が一番違う、と答える人が多いだろう。確かに沖縄のおばあさんがしゃべっている言葉はとてもわかりにくく、まるで外国語を聞いているようだ。しかし詳しく調べてみると、おおよそ平安時代以前に中央の言葉、つまり都で使われていた言葉から変化してできたものとみられる。ただ発音や語尾の変化が激しかったために、今は耳で聞くと非常に違ったものになってしまったのである。

それでは一番違う言葉を話しているのはどこかと言えば、それは八丈島ではなかろうか。八丈島の言葉は沖縄ほど言語系統が簡単なものではない。万葉集の中の「東歌」という巻を見ると、当時東国の言葉は、奈良の都の言葉とは全く違ったものだった。八丈島の方言は、それを継承していると言われている。

八丈島で今、動詞の連体形「降ろ雨」というのは東歌の「降ろ雪」というのと同じである。「高い山」を「タケエ山」と言うが、これは東歌の中で「悲しけ子ろ」と言うのと同じ言葉の変化をしている。「雨が降るだろう」を「アメンフルノーワ」と言うがこれも東歌の「汐満つなむか」という「なむ」が「ノー」に変わった形とみられる。

こういうことから八丈島の方言を知ると、東国語で書かれた文学作品の解釈にも役立つ。前で一四歳までに覚えた言葉遣いは一生消えない、と言ったが『平家物語』でその木曽義仲が京都へ入り、不作法な仕草をして京都の人たちのひんしゅくを買う場面がある。鼓判官《つづみのほうがん》に対して義仲が「張られたうか」「打たれたうか」と言うのを、従来は「たう」は「たまふ」の田舎言葉と訳してきた。しかしこれは「たのか」の意味ではないだろうか。山梨県の西部から長野県の北部にかけて「行った」を「行っとう」、「来た」を「来とう」という。これからしても「打たれたのか」と訳した方がよさそうだ。

八丈島の方言はまさに、我々国語学者にとっては古代の国語史の宝庫とでも言うべき場所なのである。

標準語は方言にはかなわない

「いたちくって、さるくった」

方言に関しては昔からいろいろな笑い話にこと欠かない。

慶應義塾大学の先生で国語学者だった池田《いけだ》弥三郎《やさぶろう》氏から聞いた話だが、氏は戦争中に結婚したので、新婚旅行らしいことをしていなかった。それで戦後、旧婚旅行という趣向で東北の福島県にある山の温泉に出かけた。あまり東京の人が行かないところだと見えて、ちっともすれたところがない。温泉もいいし、山家のひなびた料理もいいし、サービスもいい。何から何まで気に入って、機嫌よく夕方、下駄《げた》をつっかけ外へ散歩に出かけようとした。

するると、宿屋の番頭が玄関のところにいて、「じいさん、ばあさん、お出かけ」と大声で怒鳴ったという。自分は確かに若くはないが、じいさん、ばあさんと呼ばなくてもいいだろうと思いながら、一回り散歩して帰ってきたところが、再びその番頭が「じいさん、ばあさん、お帰り」と言った。池田氏はつかつかと番頭の前へ行き、「きみ、いくら何でもぼくたちをじいさん、ばあさん呼ばわりすることはないだろう。少しは違った言い方があるんじゃないか」

と抗議した。すると今度は番頭の方が面食らった表情で、そんなことを言った覚えはないという。一体どういうことかと思ってよく聞いてみると、池田氏の泊まった部屋の番号が一三番だった。それで番頭が「ずうさんばんさんお出かけ」と言ったのである。福島、宮城、山形あたりでは「じ」も「ず」も「じゅ」も一緒になるので、「じいさん、ばあさん、お出かけ」と聞こえてしまったらしい。

私も方言に関する失敗はよくやる。いつか九州の天草《あまくさ》地方へ行ったとき、案内してくれた地元の先生が、私に話す言葉はよくわかるのだが、一旦《いったん》その土地の人と話していると、何を言っているのかさっぱりわからない。途中まで聞いていると、「いたちくって、さるくった」という言葉が耳に入った。私はびっくりして、この辺ではイタチを食ったり、サルを食ったりするのかと思い、これはとんだところへ来た、今夜は何を食べさせられるのだろう、と心配になってしまった。が、どうもそういう意味ではなかった。出かけて歩き回ったということを「いたちくって、さるくった」と言うという。

石川県の金沢《かなざわ》の方へ行くと、太っている子供を、「この子はうまそうやな」と言うと教えられた。これではまるで、知らない人が聞いたら人食い人種のようだと思うだろう。

一番私が驚いたのは、三重県の尾鷲《おわせ》地方の言葉である。尾鷲から少し山奥に入ったところに北輪内《きたわうち》の三木里《みきさと》というところがある。ここでは奇抜なことに形容詞を何でも反対に言う。例えば魚の大きいのが釣れると「ちっこい魚やなあ」と言い、小さい魚が釣れると「大きな魚やなあ」と反対に言う。それは方言集にもちゃんと書いてある。

そんなところが本当にあるものかと半信半疑でいたが、これが近畿《きんき》から四国に行くとしばしばそういう言い方が使われているのである。高知県の土居重俊《どいしげとし》氏という方言学者の調査によると、高知県の吉野川の一番上流の方へ行くと、やはりそういう村があるそうだ。例えば値段が高いことを「安い」と言う。安いことを「高い」と言う。そのほか、きれいなことを「きたない」と言ったり全部反対に言う。いつも反対に言うのか、それとも通じると思った相手だけにわざと反対に言うのか、そこはよく調査しなければわからないが、しかしそういったことが『言語生活』という雑誌にはちゃんと報告されている。そんなところに初めて行った人は、ただただ面食らうばかりだろう。

日本は狭い島国でありながら、国の中でそれぐらいいろいろな方言があり、その違いというものは非常に顕著であるということは確かである。

外国ではどうなのだろうか。どうも欧米では必ずしもそうとは言えないようだ。前でも触れたが、例えばアメリカやロシアは大変大きな国だが方言の違いはそれほどない。アメリカでも南部訛《なまり》などといって、多少アクセントが違ったりするらしいが、それでも北部の人が行って話しても、全然わからないなんてことはない。ところが日本では、青森県の人と鹿児島県の人とで話がうまく通じ合うだろうか。司馬遼太郎《しばりょうたろう》の書いた本によると、江戸時代薩摩藩の武士と津軽藩の武士とが会っても全く言葉が通じないため、能や狂言の言葉を使って、意思を通じさせたという話がある。さぞかし苦労したことだろうと思う。

もし方言がなくなってしまったら

明治以降、日本が政府によって統一されて以来、共通語というものがどうしても必要になった。どこの地方へ行っても通じる言葉を普及させようということで、文部省やNHKなどで非常に力をそそいだのである。そしてそれがあっという間に全国に普及したということは、世界でも非常に注目すべきことである。

方言の違いが非常に激しいにもかかわらず、日本はどこへ行っても共通語が通じる。私は方言を研究してはいるが、実際農村や漁村で使われている言葉は、聞いてもわからないものが多い。ところがその土地の人はよその地方から来た人だと思えば、共通語で話してくださる。しかし東京の人間にはこういう真似はできない。東京の言葉が共通語だと思っているから、ほかの地方の言葉を使おうとはしない。ちょうどアメリカ人が英語がどこに行っても通じるので、ほかの国の言葉を覚えようとしないのと似ている。しかし東京以外の地方はすべて自分の方言と共通語と、両方使い分けている。これは実に大したものである。

日本では、共通語と方言の違いが相当激しい。これがヨーロッパあたりへ行くと、スペイン語とポルトガル語の違いは、青森県の言葉と福島県の言葉ぐらいの違いしかない。それでもれっきとした二つの国語である。ちょっと聞くとスペイン語とポルトガル語が話せるなんていうのは、何か非常に偉いような気がする。しかし本当は、青森県の言葉と共通語が話せるということは、もっと違った言葉を使い分けることができることなのである。よく日本人は語学が下手だと言われるが、これは大間違いで、日本人の方が語学の天才かもしれない。

さて日本語の未来ということを考えると、共通語がどんどん普及していくのはけっこうなことかもしれないが、困ったこともある。今後は方言がどんどん衰退していってしまいそうだからだ。共通語というものが方言を放逐してしまって、我々の話す言葉が共通語だけになってしまうことが、果たしていいことなのだろうか。これは大いに考えなければいけない。というのは、共通語にはいろいろな問題があるからだ。共通語というものは、大体東京の言葉が基本になっている。東京の言葉が万能ならば文句はないのだが、そうとも言えない。東京の言葉というのは、東京という都会に住んでいる人間の間に生まれた言葉であるために、どうしてもきめ細かい表現が足りないのである。

日本中で雪が最も降ると言われる新潟県へ行くと、雪に関する語彙が非常に発達している。まず、秋、高い山の上に雪が降る。これをダケマワリと言う。次に、平地にも、だんだんいろいろな種類の雪が降ってくる。その中で灰のようなのはコナヨキ、それから水分をよけいに帯びたのはミズヨキ、大きなのがジャリヨキ、綿のようなのがワタヨキ、ねばっこいかどうかは知らないがモチヨキと言われるものもある。いろいろな種類の雪が降るが、それにみんな名前がついているところが見事だ。新潟県下の人は、冬になると毎日降り方の違った雪を見て、この雪は当分降り続くであろうとか、すぐにとけるであろうとか、経験で推量する。だからそういったものの一つ一つに名前が必要になる。

これが、もっと寒くなると、なかなか降りやまない、とけにくい雪が降ってくる。なかには「棚木ハズシ」というのがある。棚木というのはものを載せるための棚に使われている木のことだそうだ。とけにくい雪が降り出すと当分外へ出られないので、燃料がなくなってしまう。そこで、棚木をはずして燃やしてしまうところからこの名前がつけられたのだそうだ。

雪の生活が非常に長い地方では、雪の降り方を見て、一つ一ついろいろな名前をつけている。こういった言葉はその地方になくてはならないものであり、いくら共通語が盛んになったからといって、これをなくしてしまうことはできない。またなくしてはいけない貴重な言葉である。

南の方に行くと、例えば鹿児島県あたりは、カツオの漁が盛んなのでカツオにいろいろな名前がついている。昔、渋沢敬三《しぶさわけいぞう》氏という実業家が『日本魚名の研究』という魚の名前についての本を書いている。それによると、鹿児島県ではカツオというものについて、いろいろこまかい分析をしていて、目方が三斤以下のものをガラ、五・五斤以下のものをショウバン、八斤以下のものをチュウバン、一〇斤以下のものをダイバン、一二斤以下をトビダイ、一二斤以上のものをトビトビダイと呼ぶ。カツオについてこれだけ名前がついているということは、カツオという魚が、その場所で生活する人にとって非常に重要なためであろう。

日本では植物同様、魚に関する語彙が豊富である。よくあるのは成長過程に応じて名前が違っていくことである。ブリは小さいときはワラサとかイナダとか言う。これがヨーロッパだと、家畜が生活に非常に重要な関係を持っているので、例えば、牛なんていうことを簡単には言わない。子供の牛は別にカーフと言ってみたり、親の牛でも牡《おす》の牛、牝《めす》の牛に従って、オックスと言ったり、カウと言ったり、名前が違う。あるいは牛の肉も、これが体のうちのどこの部分の肉であるかによって、いろいろ名前がついている。そのように向こうでは牛あるいは牛肉といったことについて、非常に関心が深い。同様に日本人は魚に関して非常に関心が深いわけである。

こういうことから東京という都会に発達した言葉だけでは、東京以外の人の生活を言い表すための言葉は当然足りなくなってしまう。共通語というものはもっともっと方言から栄養分を取り入れて、豊かなものにしなければいけないということになる。

共通語の大きな欠陥を補うのは方言だけ

共通語というものは、まず東京に育った言葉だということ。このためにいろいろ欠陥があるということを、覚えておいていただきたい。

東京という町はその成立のしかたが独特である。東京は京都の町と違い、昔から人が住んで、だんだんに発達してきた町ではない。江戸時代の初めに、全国各地の人が移り住んで、急にできた町である。明治維新以後にもたくさん地方から人が流入してきた。いわば人工都市である。

そういうところに発達した言葉というものは、おたがいにほかの地方から来た相手に通じない言葉はやめようという気持ちが働く。地方の色合いのついていない言葉が、自然にできてしまうわけだ。各地にある、生き生きした豊かな色合いを持った言葉が、どうしても東京の言葉には少なくなってしまう。

森鷗外《もりおうがい》という医者であり、文学者でもあった人が、こういうことを書いている。

自分はドイツ語を勉強している。が、ドイツへ行くと体の各部の痛みを表す単語が、非常に多い。これは医者が患者を診察する場合にも非常に便利である。例えば、患者がそこは何とかだと言うと、医者は、ははあ、これは盲腸炎だ、とわかる。かんとかだと言うと、胃けいれんだとすぐわかるんだそうだ。

ところが日本人を診察すると、痛い痛いの一点張りなので非常に困る。東京の言葉がそうだからである。が、我が郷里石州《せきしゅう》津和野《つわの》においては、痛みを表す単語が四つある。虫歯のように一ヵ所だけキリキリ痛いのを「はしる」という。したがって患者がおなかを押さえてこの辺がはしると言えばこれは胃けいれんだと、すぐわかる。「うばる」というのはおなか全体が張るように痛むことだそうだ。それから「うずく」というのは、これは東京でも言うが、間欠的にときどき痛むこと。もう一つ「にがる」というのは、おなかが下るように痛いときに言う。そういうように痛みを表す言い方がたくさんあって、この方が標準語とするにふさわしい。だから日本語の共通語は津和野の言葉にせよ、と言っている。これはちょっと乱暴な話だが、確かにそういう豊かな表現は地方の方がたくさんあるということは言える。

今日、共通語が日本の代表となる、「標準語」という名前にふさわしいものになるためには、地方の言葉からそうした豊富な言葉を取り入れる必要があるように私は思う。それがすばらしい日本語を作っていくための土台になっていくだろう。

それでは過去にそういう実績があるかというと、実はあるのである。方言から共通語に入った単語で一番成功したのは「尾根」という言葉であろうと思う。山の稜線《りょうせん》のことだが、この言葉は例えば大正頃までは共通語の中に入っていなかった。その証拠に、かつて日本で一番大きな字引である上田万年《うえだかずとし》博士・松井簡治《まついかんじ》博士が監修した『大日本国語辞典』にも、大槻文彦博士が監修したやはり大部な『大言海』という字引にも、「尾根」という言葉は入っていなかった。「尾根」という言葉が入ったのは、おそらく『広辞苑』あたりが最初だろうと思われる。つまり「尾根」という言葉は、昭和の初め頃まで共通語になく、それまでは「稜線」と言っていた。確かに山の稜の線であるが、リョーセンと言ったのでは何かピンとこない。耳に聞いた感じは、あまりいい言葉とは言えない。

ところが、昭和の初め以後、東京の人も盛んに長野県に行き、登山をした。土地の人たちはこれを昔から尾根、尾根と言っていた。それを覚えてきて東京で使った。この結果、長野県あたりの言葉が共通語に入ってきたわけで、このように地方の言葉が東京に入ってくることはいいことだと思う。

一体関西の言葉は東京に一番入りやすい。終戦後でも「がめつい」などという単語が入ってきている。私の知らないうちに入ってきた言葉の一つとして「風呂屋」という言葉がある。これは全国に広まっているが、昔は、東京の人は「湯屋」と言っていた。この「風呂屋」と言う方は関西の言葉である。このように関西の言葉は東京にどんどん入ってきている。東北の言葉も入ってきていて、例えば北海道などで使われている「しばれる」という言葉も、ときどき東京で耳にするようになった。

ぐれがれっとした男

では今後こんな言葉を共通語の中に入れてみたら、という私が特にお勧めする方言を紹介しよう。

民俗学者の柳田國男先生によると、東京の言葉にはいい形容詞が少ないそうだ。共通語には、もっともっと地方にあるような形容詞がほしいとおっしゃっておられるが、私も同感である。

例えばかたくて歯がたたないようなアメを、「かたいアメ」と言う。これは全国どこでも同じだと思うが、そのほかにスルメの足を嚙《か》むと嚙みきりにくい。こういうときも東京の人はやはり「かたい」と言う。しかしこれは意味がちょっと違う。広島県あたりでは、アメの方はかたいというが、スルメの足のようなものはシワイと言っている。これは英語ではタフにあたる言葉で、ハードとタフとちゃんと言い分けている。やはり、二つの違った形容詞の区別というものが必要だと思う。宮城県では、灰が目に入ったときの感じを、エズイと表現するようだが、言い得て妙である。

柳田先生のお弟子さんで、能田多代子《のうだたよこ》氏という民俗学者が『青森県五戸《ごのへ》語彙集』というのを著し、たくさんの単語を集めておられる。このなかですばらしいと思うのは、擬声語・擬態語の豊富なことだ。これらは青森県の五戸地方で使われているというが、共通語にぜひ入れたいと思うものがけっこうある。

例えば、大きなふろしきをかぶせる場合に「バフラッとかぶせる」と言う。あまり上等ではない、木綿の大きなふとんを包むようなふろしきをかぶせるようすが目に浮かぶようだ。シーツをふとんの上にかぶせるときなどに使えそうである。パンなんかをほおばる場合には「モツモツとほおばる」と言うのだそうだ。まさしく食パンを、何もつけないでただほおばるのは、モツモツという感じがする。それから吊《つ》り橋が動くようすなどを、「ユウラユウラと動く」と言うとか。我々だったら「ゆらゆら」だろうが、大きなものがそれほど激しくなく動くというのは、ユウラユウラという方が感じが出る。

奇抜なのは、印象のはっきりした人を称して、これはおそらく目鼻だちのクッキリとした美男子の形容だと思うが、「グレガレッとしている」と言うという。英語かフランス語のような響きがあるが、感じが非常に出ている。グレガレッとしている——私もこういうふうに言われたらさぞいい気分だろうと思う。

また、人馬が浅瀬を渡る音というのもある。ジャポガボと言うそうだが、確かに人と馬が浅瀬を渡ったら、水の流れる音、はねる音、馬の蹄《ひづめ》の音がまざり合って、ジャポガボと聞こえるだろう。こうなってくると方言は短い文学とも言えそうだ。

私は以前に、中学校の国語の教科書を編集したことがある。そのときに大変いい文章だと思って、荻原井泉水《おぎわらせいせんすい》氏の「富士登山」という文章を採録した。その中で富士山に登って、明け方になって東の空が赤くなって太陽が昇ってくるさまを形容して、「東の空がかんがりと赤くなってきた」という一文があった。「かんがりと」という言葉は字引にはない。中学校の教科書を作るときは、一緒に教師用という参考書を作らなければいけない。その中で「かんがりと」という言葉はどういう意味かを説明しなければいけないのである。

そこで私はしかたなく荻原氏に手紙を書き、一体これはどういう意味なんでしょうかと質問した。すると荻原氏は大変に喜んで「よくぞ聞いてくださった。あれは私が非常に苦心して作った言葉だ。ほんのりよりも明るく、しかし、こんがりのような熱さがない。そういう気持ちを表すのに、私は非常に苦心して作った言葉であるけれども、どなたもそれを注意してくださらなかった。注意してくださったのはあなたが最初です」という意味の、長い巻紙の手紙をいただき、こちらの方が感激したことがあった。その場の雰囲気にあった新しい表現を生み出すということは、天才的な俳人にしても非常に苦心がいるらしい。もしも能田氏の『五戸語彙集』に出ている言葉を、五戸の人が作ったとすれば、言葉に対する感性が天才的なのだろう。

こういう独特の表現を五戸の人が東京へ行って使ったら、ほかの人は笑うかもしれない。しかし、彼らはちっとも恥ずかしがる必要はないのである。むしろそうした豊かな表現を知らない東京の人の方が恥ずべきなのだから。

もしも地方に行ってこれはすばらしい、という方言を見つけたら、ぜひ東京に持って帰ってもらいたいものだ。また地方で、これこそ我が郷土が誇る言葉というものがあったら、恥ずかしがらずに堂々と使ってほしい。今後はこうした地方に生まれた言葉をどんどん広めていくということが、日本語を豊かにすることにつながっていくのである。

あとがき

私は平成一三年の四月で八八歳を迎えた。つまり米寿である。今まで私は米寿などとは他人がなるもので、自分がそんな年になろうとは考えもしなかった。しかし自分だけいつまでも若いつもりでいても神様はお見逃しにならない、という思いを新たにしている。それは何でもないところで転んで骨折をしたり、丈夫だと思っていた心臓が止まりかけたり、とたびたび病院の世話になることが増えたことからも思い知らされている。

そんなところに、角川書店から新しく本を書いてくれないか、という依頼があった。前に出した『ホンモノの日本語を話していますか?』(現『ホンモノの日本語』角川ソフィア文庫)が好評だったので、その続編を書いてほしいという。しかしこの年で新しい本を書きおこすのはほとんど不可能である。それでは過去に書いた原稿の中から、今の人にも役に立ちそうなものを集め、構成し直そうということになった。そうして読み返してみると昔の原稿は言葉足らずだったり、筆が走りすぎていたり、まさに汗顔の至りであることが多い。大分手を入れ、書き直したが、私自身反省の思いでいっぱいになった。

この本の題名は『日本語を反省してみませんか』(角川oneテーマ21新書として刊行時)という少し過激なものになったが、これは私自身への自戒の念も入っている。日頃何気なく使っている日本語に対して、単に言葉遣いの誤りだけでなく、日本語に対する取り組み方、ひいては日本人の考え方も含めて、省みてほしいという気持ちでつけてみたが、いかがだろうか。「猿でもできる反省」などと、この言葉も最近は大分軽く扱われがちだが、このあたりでもう一度日本語についてじっくりと考えるのも悪くないだろう。なお出典に関しては、拙著の『日本語は京の秋空』(小池書院)、『日本人の言語表現』(講談社)、『日本語セミナー』(筑摩書房)などの原文や「エルネオス」「言語生活」といった雑誌に発表した数々の原稿をもとに書きあらためさせていただいた。ご提供いただいた出版社には心から感謝したい。

第一章で出した問題の部分は、最近の若い人の話題も取り入れたいと思い、やはり日本語教育に携わっている次男、秀穂《ひでほ》の意見を聞いてまとめてみた。ここで取り上げたように若い人たちの言葉は、日ごとに新しく変わりつつある。しかしそれはあくまでも表面的なことで、根本を流れるものはそうそう簡単に変わることはない、というのが私の持論である。また言葉というものはあくまでも人間が使う道具である。だからどんどん便利で合理的な方向に変わっていくのはある程度やむをえないことでもある。昔から言葉は変化してきたもので、今に始まったことではない。若い人の言葉遣いはなっていない、と怒ることなく、どうか長い目で見守っていただきたい。

現在私は家で静養中、と言えばいいだろうか。庭に飛んでくる小鳥を眺めたり、暖かい日は外に車椅子で散歩に行ったりと、静かな日々を送っている。「春風秋雨」という言葉が好きで、色紙を頼まれたりすると書くことがある。人生は春の花が咲く頃に、風が吹いて散ってしまったり、秋の紅葉の頃に雨が降って散ってしまったりと、ままならないことがしばしばあるという意味だ。私も若い頃はそんなふうに感じたが、そんな時期もすべて過ぎて、今は残り少ない時間の中で春の風も秋の雨も楽しみたい。そんな心境になっている。

平成一三年一二月

金田一　春彦

本書は、二〇〇二年一月、小社から刊行された新書（角川oneテーマ21）『日本語を反省してみませんか』を改題し、文庫化したものです。

美《うつく》しい日本語《にほんご》

金田一春彦《きんだいちはるひこ》

平成28年 12月25日　初版発行
令和7年 6月5日　16版発行

発行者●山下直久

発行●株式会社KADOKAWA
〒102-8177　東京都千代田区富士見2-13-3
電話　0570-002-301(ナビダイヤル)

角川文庫 20128

印刷所●株式会社KADOKAWA
製本所●株式会社KADOKAWA

表紙画●和田三造

●お問い合わせ
https://www.kadokawa.co.jp/（「お問い合わせ」へお進みください）
※内容によっては、お答えできない場合があります。
※サポートは日本国内のみとさせていただきます。
※Japanese text only

ISBN978-4-04-400231-2　C0181

角川文庫発刊に際して

角川源義

第二次世界大戦の敗北は、軍事力の敗北であった以上に、私たちの若い文化力の敗退であった。私たちの文化が戦争に対して如何に無力であり、単なるあだ花に過ぎなかったかを、私たちは身を以て体験し痛感した。西洋近代文化の摂取にとって、明治以後八十年の歳月は決して短かすぎたとは言えない。にもかかわらず、近代文化の伝統を確立し、自由な批判と柔軟な良識に富む文化層として自らを形成することに私たちは失敗して来た。そしてこれは、各層への文化の普及滲透を任務とする出版人の責任でもあった。

一九四五年以来、私たちは再び振出しに戻り、第一歩から踏み出すことを余儀なくされた。これは大きな不幸ではあるが、反面、これまでの混沌・未熟・歪曲の中にあった我が国の文化に秩序と確たる基礎を齎らすためには絶好の機会でもある。角川書店は、このような祖国の文化的危機にあたり、微力をも顧みず再建の礎石たるべき抱負と決意とをもって出発したが、ここに創立以来の念願を果すべく角川文庫を発刊する。これまで刊行されたあらゆる全集叢書文庫類の長所と短所とを検討し、古今東西の不朽の典籍を、良心的編集のもとに、廉価に、そして書架にふさわしい美本として、多くのひとびとに提供しようとする。しかし私たちは徒らに百科全書的な知識のジレッタントを作ることを目的とせず、あくまで祖国の文化に秩序と再建への道を示し、この文庫を角川書店の栄ある事業として、今後永久に継続発展せしめ、学芸と教養との殿堂として大成せんことを期したい。多くの読書子の愛情ある忠言と支持とによって、この希望と抱負とを完遂せしめられんことを願う。

一九四九年五月三日